AF603360

EDICT
DU ROY,

Portant Reglement general pour les Eaux & Forests.

Verifié en Parlement le 13. Aoust 1669.

A PARIS,
Chez FREDERIC LEONARD, Imprim. ordin. du Roy & de la Cour de Parlement, ruë Saint Jacques, à l'Escu de Venise.

M. DC. LXIX.

Avec Privilege de sa Majesté.

LOUIS PAR LA GRACE DE DIEU ROY DE FRANCE ET DE NAVARRE: A tous presens & à venir, Salut. Quoy que le desordre qui s'estoit glissé dans les Eaux & Forests de nostre Royaume, fust si universel & si inveteré, que le remede en paroissoit presque impossible; Neantmoins le Ciel a tellement favorisé l'application de huit années que Nous avons données au restablissement de cette noble & precieuse partie de nostre Domaine, que nous la voyons aujourd'huy en estat de refleurir plus que jamais, & de produire avec abondance au public tous les avantages qu'il en peut esperer, soit pour les commoditez de la vie privée, soit pour les necessitez de la Guerre; ou enfin pour l'ornement de la Paix, & l'accroissement du Commerce par les voyages de long cours dans toutes les parties du monde. Mais comme il ne suffit pas d'avoir restably l'ordre & la discipline, si par de bons & sages Reglemens on ne l'asseure, pour en faire passer le fruit à la posterité; Nous avons estimé qu'il estoit de nostre Justice, pour consommer un ouvrage si utile & si necessaire, de nous faire rapporter toutes les Ordonnances tant anciennes que nouvelles qui concernent la matiere, afin que les ayant conferé avec les advis qui nous ont esté envoyez des Provinces par les Commissaires départis pour la Reformation des Eaux & Forests, Nous puissions sur le tout former un corps de Loix claires, precises & certaines qui dissipent toute l'obscurité des precedentes, & ne laissent plus de pretexte ou d'excuse à ceux qui pourront tomber en faute. A CES CAUSES, aprés avoir oüy le Rapport de personnes intelligentes & versées dans la matiere; de l'advis de nostre Conseil, & de nostre certaine science, pleine puissance & Authorité Royale, NOUS AVONS DIT, DECLARÉ ET ORDONNÉ, disons, declarons, Ordonnons, & Nous plaist ce qui ensuit.

De la Jurisdiction des Eaux & Forests.

ARTICLE PREMIER.

LES Juges establis pour le fait de nos Eaux & Forests, connoistront, tant au civil qu'au criminel, de tous differens qui appartiennent à la matiere des Eaux & Forests, entre quelques personnes & pour quelques causes qu'ils ayent esté intentez.

II.

DECLARONS faire partie de la matiere qui leur est attribuée, toutes questions qui seront meuës pour raison de nos Forests, Bois, Buissons & Garennes, assiettes, ventes, coupes, délivrances & recollemens, mesures, façons, deffrichemens ou repeuplemens de nos bois, & de ceux tenus en Grurie, Grairie, Segrairie, tiers & danger, appanage, engagement, usufruit & par indivis, usages, communes, landes, marais, pastis, pasturage, panage, paisson, glandée, assiette, motion & changement de bornes & limites dans nos Bois.

III.

SERONT aussi de leur competence, toutes actions concernant les entreprises ou pretentions sur les Rivieres navigables & flottables, tant pour raison de la navigation & flottage, que des droicts de pesche, passage, pontonnage & autres, soit en espece ou en deniers, conduite, rupture, & loyers de flettes, bacs & basteaux, espaves sur l'eau, constructions & démolitions d'écluses, gords, pescheries & moulins assis sur les Rivieres, visitation de poissons tant és batteaux que boutiques & reservoirs, & de filets, engins & instrumens servans à la pesche, & generalement de tout ce qui peut prejudicier à la navigation, Charroy & flottage des bois de nos Forests; le tout neantmoins sans prejudice de la Jurisdiction des Prevosts des Marchands, és Villes où ils sont en possession de connoistre de tout ou de partie de ces matieres; & de celle des Officiers des Turcies & levées, & autres qui pourroient avoir titres & possession pour en connoistre.

IV.

VOULONS pareillement qu'ils connoissent de tous differens sur le fait des Isles, Islots, laveaux, atterrissemens, accroissemens, alluvions, Rivieres, palus, bastardeaux, chantiers, auzelées & curemens de nos Rivieres, boires & fossez qui sont sur leurs rives.

V.

CONNOISTRONT en outre de toutes actions qui procedent de contracts, marchez, promesses, baux & associations, tant entre Marchands qu'autres, pour fait de marchandise de bois de chauffage ou merrin, cendres, charbons; pourveu toutesfois que les contracts, marchez, promesses, baux & associations, ayent esté faites avant que les marchandises fussent transportées hors les Bois, Rivieres & Estangs, & non autrement.

VI.

S'il y a different sur la taxe ou sur le payement des journées & salaires de Manouvriers, Buscherons & autres Artisans travaillans dans nos Bois & Forests, Pescheurs, Aydes à Batteaux, Passagers de Bacs establis sur nos Rivieres; Voulons qu'ils soient poursuivis & jugez aux Sieges des Eaux & Forests.

VII.

Les mesmes Sieges connoistront de toutes causes, instances, & procés meus sur le fait de la Chasse & de la Pesche, prises de Bestes dans les Forests, & larcins de poisson sur l'eau; mesme informeront de querelles, excés, assassinats & meurtres commis à l'occasion de ces choses, & en instruiront & jugeront les procés soit entre Gentilhommes, Officiers. Marchands, Bourgeois, Ouvriers, Batteliers, Garenniers, Pescheurs, ou autres, de quelque qualité

qualité que ce soit, sans distinction quelconque, leur en attribuant, en tant que besoin seroit, toute Cour, Jurisdiction & connoissance, & l'interdisant expressément à tous autres Juges, à peine de nullité & d'amande arbitraire contre les parties qui les auront requis de proceder; sans prejudice, toutesfois à la Jurisdiction des Capitaines des Chasses que nous maintenons en leurs droits, ainsi qu'il sera dit au Chapitre de la Chasse.

VIII.

A l'egard des autres crimes qui ne concernent les cas & matieres cy-dessus, comme vols, meurtres, raps, brigandages, & excés sur les personnes qui passent, ils n'en pourront connoistre, quoy que comme dans les Forests ou sur les Eaux, sinon qu'ils eussent surpris les coupables en flagrant delit; auquel cas ils en informeront & decreteront seulement, & renvoyeront incessamment le prisonnier avec les charges en toute seureté, aux Juges à qui la connoissance en appartient par les Ordonnances.

IX.

La Competence des Iuges ne se reglera point en fait d'Eaux & Forests par le domicile du deffendeur, ni par aucun privilege de causes commises ou autre quel qu'il puisse estre, mais par le lieu s'il s'agit de delits, abus & malversations ou par la situation de la Forest & des Eaux, s'il est question d'usages & de proprietés ou d'execution de Contracts pour marchandises qui en proviennent.

X.

N'entendons que dans les differens de partie à partie, Nos Officiers des Eaux & Forests connoissent de la proprieté des Eaux & Bois, appartenant aux Communautez ou particuliers, sinon lors qu'elle sera necessairement connexe à un fait de reformation & visitation, ou incidente & proposée pour deffense contre la poursuite; mais lors qu'il s'agira du petitoire ou possessoire, échanges, partages, licitations, retraict lignager ou feodal & d'autres actions qui seront directement, & principalement intentées pour raison de la proprieté; hors le fait de reformation & visitation, la connoissance en appartiendra aux Baillifs, Senechaux & autres Juges ordinaires.

XI.

Nos Officiers exerceront sur les Eaux & Forests des Prelats & autres Ecclesiastiques, Princes, Chapitres, Colleges, Communautez Regulieres, Seculieres ou Laïques, & de tous particuliers de quelque qualité qu'ils soient, la mesme Iurisdiction qu'ils exercent sur les nostres; en ce qui concerne le fait des usages, delits, abus & malversations; Pourveu qu'ils en ayent esté requis par l'une ou l'autre des parties dans les Bois des particuliers & qu'ils ayent prevenu les Officiers des Seigneurs.

XII.

Dans les Iustices où les Seigneurs auront un Juge particulier pour le fait des Eaux & Forests, nos Officiers ne jouiront de la prevention que lors qu'ils auront esté requis; mais s'il n'y a qu'un Iuge ordinaire, ils auront la prevention & la concurrence, encore mesme qu'ils n'ayent point esté requis.

XIII.

Si neantmoins les abus & delits avoient esté commis par les Beneficiers sur les Eaux & Forests dépendans de leur Benefice, ou par les particuliers sur celles qui leur appartiennent, en ce cas nos Officiers pourront en connoistre, sans qu'ils soient requis & nonobstant qu'ils n'ayent point prevenu, soit qu'il y eust un Juge particulier pour le fait des Eaux & Forests, ou qu'il n'y eust que la Justice ordinaire.

XIV.

Faisons tres-expresses inhibitions & deffences à tous Prevosts, Chastelains, Viguiers, Baillifs, Senéchaux, Presidiaux & autres Juges ordinaires, Consuls, Gens tenans nos Requestes de l'Hostel & du Palais, & à nostre grand Conseil, mesme à nos Cours de Parlement, en premiere instance de prendre connoissance des cas cy-dessus, n'y d'aucun fait d'Eaux, Rivieres, Buissons, Garennes, Forests, circonstances & dependances; & à toutes Communautez & particuliers, Marchands ou autres, de quelque estat & condition qu'ils soient, de poursuivre, respondre, & proceder, pour raison de ces choses pardevant eux, à peine de nullité de ce qui sera fait & d'amande arbitraire contre les parties.

XV.

Deffendons aussi tres-expressement à nos Cours de Parlement & Chambres des Comptes, de verifier aucunes Lettres Patentes sur le fait de nos Eaux & Forests, & des Bois tenus en Grurie, Grairie, Tiers & danger, appanage, engagement, usufruit & par indivis, ou de ceux des Prelats, Ecclesiastiques, Communautez, & Gens de main-morte, qu'ils n'y ayent auparavant ordonné la communication au Grand Maistre du departement, & veu ses advis, si ce n'estoit que les lettres eussent esté expediées sur leurs Procès Verbaux, & advis attachez sous le contre-scel.

XVI.

Nul ne sera reçeu à l'avenir dans aucun Office de Judicature des Eaux & Forests qu'il n'ait suby l'interrogatoire, & respondu avec suffisance & capacité aux questions qui luy seront proposées sur le contenu en la presente Ordonnance, par les principaux Officiers des Sieges, où la reception sera poursuivie. C'est à l'egard des Greffiers, Huissiers, Sergens & autres Officiers inferieurs, ils seront seulement interrogez sur les Articles qui concernent leurs fonctions; le tout à peine de nullité de la reception.

Officiers des Maistrises.

Article Premier.

Les Maistres particuliers, Lieutenans, nos Procureurs, Garde-marteaux, & Greffiers des Maistrises auront au moins l'aage de vingt-cinq ans accomplis; seront pourveus par nous & receus en la Table de Marbre du departement, information prealablement faite par le Grand Maistre, son Lieutenant ou autre Officier du Siege par luy commis, de leur vie &

mœurs, Religion Catholique, Apostolique & Romaine, & capacité au fait des Eaux & Forests, à l'exception des Greffiers qui seront receus à la Maistrise.

II.

TIENDRONT Audience un jour de chacune Semaine en l'Auditoire des Eaux & Forests, & s'assembleront le mesme jour de relevée, & autres quand besoin sera, en la Chambre du Conseil pour juger les procés par escrit, & faire toutes autres expeditions ordinaires.

III.

VOULONS qu'en la Chambre du Conseil il y ait un coffre fermant à trois clefs, pour y deposer le Marteau destiné à la marque des pieds corniers, parois, arbres de liziere, balliveaux & autres de reserve; l'une desquelles sera pour le Maistre ou le Lieutenant en son absence; une autre pour nostre Procureur; & la troisiesme pour le Garde-marteau, sans que le Marteau en puisse estre tiré que de leur consentement commun, & à la charge de l'y remettre chacun jour apres que l'expedition pour laquelle il en aura esté tiré, se trouvera faite.

IV.

VOULONS aussi que dedans ou proche la mesme chambre soient posées des Armoires pour y mettre tous les Registres & papiers du Greffe, desquels le Grand-Maistre, Maistre Particulier, nostre Procureur & autres Officiers pourront prendre communication quand bon leur semblera, sans que pour quelque cause & sous quelque pretexte que ce soit, ils les puissent deplacer, à peine de trois mil livres d'amande, & d'interdiction de leurs charges.

V.

NE pourront à l'avenir les Maistres particuliers, Lieutenans, Procureurs du Roy, Garde-marteaux, Arpenteurs & Greffiers, estre parens ou alliez jusques au degré de cousin Germain inclusivement, ny tenir deux charges dans les Forests, non plus qu'aucun Office de Iudicature ou de Finance, excepté toutesfois le Lieutenant; auquel permettons de tenir conjointement autre Office Royal, soit de Judicature ou de Finance.

VI.

NE pourront aussi donner aucune permission, soit verbalement ou par escrit, de couper ou arracher aucun Bois, ny de mettre pasturer des Bestiaux en nos Forests, à peine de trois cens livres d'amande.

VII.

FAISONS tres-expresses deffences à tous Officiers des Forests de prendre aucuns Bois en payement de leurs vacations & salaires, & aux Marchands de leur en donner sous quelque pretexte que ce soit, à peine d'interdiction & de mil livres d'amande contre les Officiers, & de trois cens livres contre les Marchands.

VIII.

DEFFENDONS à tous les Officiers des Maistrises d'exercer en titre ou par Commission aucun Office, & de recevoir aucune pension, ou tenir aucune ferme des Seigneurs, Communautez ou particuliers directement ou indirectement, sous quelque titre ou pretexte que ce soit, mais opteront dans six mois, si non ce temps passé, declarons leurs charges vacantes & impetrables. Et si aucuns s'en trouvent pourveus, ils seront tenus de les resigner & en faire pourvoir d'autres en leur place, six mois apres la publication des presentes, autrement & ce temps passé, les declarons vacantes & impetrables.

IX.

Les Officiers des Maistrises receus par Commission, joüiront pendant le temps qu'elle subsistera, des mesmes honneurs, privileges & exemptions qui sont attribuez aux Officiers pourveus en titre.

X.

Les Procés instruits en vertu de Commissions, ne tomberont en distribution, mais seront rapportez par les Commissaires qui les auront instruits.

XI.

Tout Officier interdit par authorité de Justice des fonctions de sa Charge, n'en pourra faire aucun exercice pendant l'appel ou opposition, à peine de nullité & de faux.

XII.

Deffendons à tous Ecclesiastiques & Officiers de nos Parlemens, Grand Conseil, Chambre des Comptes, Cour des Aydes, & autres nos Cours, de tenir ou exercer, soit en titre ou par Commission, aucune Charge dans la Jurisdiction de nos Eaux & Forests, à peine de nullité des provisions & de trois mille livres d'amende.

XIII.

Les Maistres particuliers, Lieutenans, Procureurs du Roy, Garde-marteaux, Greffiers, Arpenteurs & Sergens à garde, seront exempts de Logement de Gens de Guerre, ustancilles, fournitures, contributions, subsistance, tutelle & curatelle, collecte de nos deniers, & autres Charges publiques: Et auront leurs causes commises, tant civiles que criminelles, au Presidial du Ressort; mesme és Villes taillables seront taxez d'office par les Commissaires Experts, s'ils n'ont point privilege d'ailleurs, le tout aussi long-temps qu'ils exerceront leurs Charges ou Commissions.

Grands-Maistres.

Article premier.

Connoistront en premiere instance, à la charge de l'appel de toutes actions qui seront intentées pardevant eux, en procedant aux visites, ventes & Reformations des Eaux & Forests, entre telles personnes & en quelque cas & matiere que ce soit.

II.

Leur appartiendra, par privilege & prerogative speciale sur tous autres Officiers

Officiers des Eaux & Forests, l'execution de toutes nos Lettres Patentes, Ordres & Mandemens sur le fait des Eaux & Forests, soit pour vente de nos Bois, ou de ceux des Ecclesiastiques & Communautez, & pour quelque autre cause que ce puisse estre.

III.

Auront voix deliberative dans les Chambres du Conseil, & aux Audiences des juges en dernier Ressort, & leur Seance à main gauche aprés le Doyen de la Chambre.

IV.

Pourront en procedant à leurs Visites, faire toutes sortes de Reformations, & Juger de tous delits, abus & malversations qu'ils trouveront avoir esté commis dans leur departement, soit par les Officiers ou par les particuliers, & faire le procés aux coupables.

V.

Procederont contre les Officiers qu'ils trouveront en faute, par informations, decrets, saisies & Arrests de leurs personnes & de leurs gages ; instruiront ou subdelegueront pour l'instruction, & feront leurs procés nonobstant oppositions ou appellations quelconques, jusques à Sentence diffinitive inclusivement, si bon leur semble, sauf l'execution s'il en est appellé ; sinon le porteront ou l'envoyeront en estat au Greffe de la Table de Marbre, mesme feront conduire l'accusé, s'il est prisonnier, aux prisons, pour y estre jugé par eux ou leurs Lieutenans suivant la rigueur des Ordonnances, & cependant les interdiront de toutes fonctions, même de l'entrée des Forests, & commettront en leur place personnes capables, jusques à ce qu'autrement par Nous en ait esté ordonné.

VI.

A l'égard des Bocherons, Charretiers, Pastres, Gardes-Bestes, & autres Ouvriers employez en l'exploitation & voiture des bois, les Grands-Maistres auront plein pouvoir de leur faire & parfaire le procés en dernier Ressort pour raison des abus & malversations commises au fait & à l'occasion des Eaux & Forests, lesquels ils jugeront au Presidial du lieu du delict, au nombre de sept Juges au moins, sans qu'à l'égard de toutes autres personnes, ils puissent les juger en matiere criminelle, autrement qu'à la charge de l'appel: Pourront neantmoins seuls & sans appel destituer les Sergens commis & preposez à la garde des Forests, Garennes, chemins, prez, bois, Eaux, Rivieres & Ruisseaux, tant de nos Domaines, que de ceux tenus en Grurie, Grairie, Tiers & Danger.

VII.

Pourvoiront par provision aux places de ceux qu'ils auront destituez, tant és Eaux, Bois & Garennes de nos Domaines, Grurie, Grairie, Tiers & Danger, qu'en ceux des Communautez seculieres, & obligeront les Ecclesiastiques d'y commettre, chacun à son égard, sinon en cas de refus ou negligence, y pourvoiront d'office, & donneront pour le payement des gages toutes contraintes & Ordonnances necessaires.

VIII.

LORS qu'ils porteront leurs procés aux Sieges Presidiaux pour les juger, ils auront la premiere seance, avec voix deliberative, & opineront les derniers, soit qu'ils soient graduez ou non, mesmes indiqueront les jours & heures de l'assemblée ; mais le President, Lieutenant General ou autre Officier qui presidera proposera & demandera les advis, recueillera les voix & en tout dirigera l'action, ainsi qu'il est accoustumé dans les procés où le Grand Maistre n'est point present.

IX.

LES Grands Maistres feront par chacun an une visite generale en toutes les Maistrises & Gruries de leur departement, de garde en garde, & de triage en triage ; s'informeront de la conduite des Officiers, Arpenteurs, Gardes, Usagers, Riverains, Marchands-Ventiers, & preposez aux soins des Eaux & Chemins, Rivieres, Canaux, Fossez publics, Uvatregands ; verront les Registres de nos Procureurs, Gardemarteaux, Arpenteurs & Sergens à garde, mesme ceux des Greffiers, & les procés verbaux, rapports, informations, & autres actes concernant les visites, delits, abus, entreprises, usurpations, malversations & contraventions tant au fait des Eaux & Forests, que des Chasses & Pesches, pour connoistre si les Gardes auront fait leurs rapports, le Procureur du Roy ses diligences, & les Officiers rendu la Iustice, afin d'y pourvoir à leur deffaut ; & à cet effet seront tenus les Sergens, Gardemarteaux & Maistres Particuliers de representer sur le lieu du delit leurs Registres pour justifier des diligences, à faute dequoy seront condamnez en leurs noms, comme si eux mesmes avoient commis le delit.

X.

LE Grand Maistre faisant la visite des ventes à adjuger, designera aux Officiers & à l'Arpenteur les lieux & cantons des triages, pour y faire les assiettes de l'année suivante, dont il dressera son procés verbal & en laissera une expedition au Greffe pour les Officiers de la Maistrisse, qui seront tenus de s'y conformer ponctuellement, à peine de trois mille liures d'amande solidairement contre les contrevenans.

XI.

SERA tenu d'envoyer chacune année, avant le mois de Iuin, aux Officiers des Maistrises, son Ordonnance & Mandement pour faire les assiettes des ventes, contenant la designation des triages & cantons exprimez en son procez verbal cy-dessus ; comme aussi d'envoyer avant le mois de Septembre d'autres mandemens pour designer le jour des ventes & adjudications.

XII.

FERA marquer de son Marteau, les pieds corniers, des ventes & arbres de reserve en toutes occasions où il conviendra le faire.

XIII.

FERA les ventes & adjudications de nos Bois tant fustaye que taillis, avant le premier Ianvier de chacune année, pour le nombre, quantité & qualité porté par les Reglemens arrestez en nostre Conseil, avec charge expreſſe à l'adjudicataire de payer le prix de ſon adjudication, és mains du Receveur des Bois, s'il y en a d'eſtably, ſinon, au Receveur du Domaine, dans les temps qui ſeront reglez par les Grands Maiſtres, ſans neantmoins que le dernier terme puiſſe eſtre reculé plus tard que le jour de la ſaint Iean de l'année d'apres l'uſance, & outre de payer és mains du Receveur un ſol pour livre du prix de l'Adjudication contant, pour eſtre la ſomme à laquelle il reviendra, employée au payement des journées, taxations, & droits des Officiers, ſuivant la taxe qui leur en ſera faite par le Grand Maiſtre, ſur leurs ſimples quittances; & ſi le ſol pour liure ne ſuffit, le ſurplus ſera pris ſur le fond des ventes.

XIV.

Ne pourront augmenter ou diminuer les ventes de leur authorité privée & les charger d'aucun uſage, chauffage, droits ou ſervitudes, ny meſme accorder ou faire delivrance de Bois en eſpece, ou ordonner le payement de deniers, en conſequence d'aucuns dons, à peine de privation de leurs charges & de dix mil livres d'amande.

XV.

Feront les recollemens par reformation, le plus ſouvent qu'il ſe pourra, pour connoiſtre ſi les Officiers des Maiſtriſes ont remis, diſſimulé, ou trop legerement condamné les Marchands pour abus & malverſations par eux commiſes, auquel cas ils pourront les condamner aux peines que les Marchands auroient legitimement encouruës.

XVI.

Si les Grands Maiſtres en faiſant leurs viſites & reformations dans nos Bois & Foreſts, reconnoiſſent des places vaines & vagues & des Bois abroutis & abougris, ils pourront les faire ſemer & repeupler pour les mettre en valeur, meſme faire faire des foſſez pour la conſervation du jeune recrû, où beſoin ſera, le tout à nos frais & deſpens, par adjudication au rabais & moins diſant; & à l'égard des recepages, ils en dreſſeront leurs procez verbaux, qu'ils envoyeront au Conſeil pour y eſtre pourveu.

XVII.

Envoyeront chacune année en noſtre Conſeil, és mains du Controlleur General de nos Finances, trois eſtats des ventes par eux faites; le premier contiendra la quantité des Bois vendus en chacune Maiſtriſe, Foreſt, triage & Garde; le prix de la vente, les charges tant en deniers qu'en Bois. Le deuxieſme contiendra les ſommes qu'ils auront taxées aux Officiers des Maiſtriſes particulieres pour leurs droits, taxations, journées, chauffages, à prendre ſur le ſol pour livre des ventes; Et le troiſieſme les ſommes qu'ils auront taxées pour faire ſemer ou replanter les places vuides, & receper les Bois abroutis & rabougris, pour les remettre en valeur, pour façon de foſſez & autres dépenſes & frais extraordinaires faits pour l'amenagement de nos Foreſts, dont le fonds ſera pris ſur les amandes & deniers qui ſe reçoivent par le Sergent Collecteur.

XVIII.

LEUR deffendons de permettre ny souffrir aucuns Fours, Fourneaux, façon de cendres, deffrichemens, arrachis & enlevemens de plants, gland & feisne de nos Forests, contre la disposition de ces presentes, à peine d'amande arbitraire & de tous nos dommages & interests.

XIX.

FERONT dans les Bois où nous avons droit de Grurie, Grairie, Tiers & Danger, & dans ceux tenus en appanage, engagement, usufruit, & par indivis, les mesmes visites que dans nos Forests, & y procederont aux ventes & recollemens avec les mesmes formalitez que dans nos autres Bois & Forests, sans souffrir qu'il soit fait aucun advantage ou donné aucune preference aux tres-fonciers & possesseurs.

XX.

TIENDRONT bon & fidel Registre des procés verbaux des ventes & adjudications qui seront par eux faites, des visites, provisions, commissions, institutions & destitutions d'Officiers, instructions & jugemens de procés, Ordonnances & actes qu'ils feront en leur charge, pendant le cours de chacune visite & reformation, dont ils mettront le double à leur retour au Greffe de la Table de Marbre, pour y avoir recours.

XXI.

POURRONT quand bon leur semblera faire leurs visites dans les Bois & Forests dépendans des Ecclesiastiques, Communautez & gens de Mainmorte, pour connoistre s'il a esté commis des delits & degasts dans les Fustayes, & dans les Coupes des Taillis, si les reserves ont esté faites, & l'usance à l'âge, conformement à nos Ordonnances & Reglemens, pour y estre par eux pourveu selon l'exigence des cas.

XXII.

REGLERONT les partages des Eaux, Bois, prez & pastis communes tant pour le triage pretendu par les Seigneurs, que pour l'usage à la division entre eux & les habitans; & quand besoin sera, feront les ventes, adjudications ou delivrances des Bois à couper, en interposant nostre Authorité, par leur ministere, pour empescher & reprimer la vexation.

XXIII.

VISITERONT nos Rivieres navigables & Flottables, ensemble les routes, pescheries & moulins estans sur nos Eaux, pour connoistre s'il y a entreprises ou usurpations qui puissent empescher la Navigation & le Flottage, & y estre par eux pourveu incessamment, en faisant rendre le cours des Rivieres libres & sans aucun empeschement.

XXIV.

SE feront fournir des Estats par les Collecteurs des amandes de chacune Maistrise, des deniers des amandes, confiscations, arbres de delit, restitutions, dommages & interests adjugez dans nos Bois & Forests, & ceux tenus en Grurie, Grairie, Tiers & Danger, concession, engagement, usufruit & par indivis, dont ils feront l'examen sur les Rôlles qui seront representez fignez du Greffier, & des diligences qui auront esté faites pour le recouvrement des sommes y contenuës, & sera par eux pourveu à ce qui sera necessaire en consequence & pour le bien de nos affaires.

XXV.

Les Grands Maistres taxeront sur les deniers de cette nature, les vacations & journées extraordinaires des Officiers des Maistrises & autres personnes qu'ils employeronr tant aux reformations que pour nostre service dans nos Eaux & Forests, selon leur travail; & si par les Estats qui seront par eux dressez pour le payement des taxations & droits des Officiers à prendre sur le sol pour livre des ventes ordinaires de nos Bois, il se trouve manque de fonds, pourront ordonner le payement de ce qui manquera sur le fonds des ventes, ainsi qu'ils trouveront à propos, sans qu'aucun autre Officier puisse s'ingerer d'ordonner le payement d'aucune somme sur nos deniers des amandes ou autres, à peine de restitution du quatruple & d'interdiction.

XXVI.

Tous les Jugemens, Ordonnances & Actes, qui seront rendus par les Grands Maistres pendant leurs visites, seront mis aux Greffes des Maistrises, & tous ceux qu'ils feront au lieu de l'Establissement de la Table de Marbré, au Greffe du Siege, pour estre delivrez par les Greffiers ainsi que les autres expeditions des Sieges, sans qu'aucune autre personne s'y puisse entremettre à peine de faux; Et à l'égard des Ordonnances qu'ils donneront de delivrance de Chauffage ou autrement, & tous Actes & Jugemens qui seront par eux rendus en reformation, ils seront delivrez par le Greffier qui sera par nous commis en chacun departement, gratuitement & sans aucuns frais ny droits, à peine de concussion, sauf à leur estre par nous pourveu.

XXVII.

Les Grands Maistres ne pourront prendre aucuns droits, Espices, Journées, Salaires & Vacations, sous quelque pretexte que ce soit, de tout ce qui sera par eux fait pour raison de nos Eaux, Rivieres, Forests, Bois, Buissons, Bois tenus en Grurie, Grairie, Tiers & Danger, Appanage, engagement, usufruit & par indivis, mesme pour ceux des Prelats, Ecclesiastiques, Communautez, & Gens de Main-morte, à peine d'exaction & restitution du quatruple, & leur sera par nous pourveu ainsi qu'il appartiendra.

XXVIII.

Enjoignons aux Prevosts Generaux, Provinciaux, Lieutenans de Robbe-courte, Vice-Baillifs, leurs Lieutenans, Exempts & Archers, & tous autres Officiers de Justice, de prester main-forte à l'execution des Decrets, Ordonnances, & Jugemens des Grands-Maistres & Officiers des Maistrises, sauf à leur estre fait taxe par les Grands-Maistres pour leurs frais & salaires extraordinaires, à prendre sur les deniers des amendes, confiscations & restitutions quand il s'agira de nos affaires, ou sur les parties quand il y en aura.

Des Maistres particuliers.

Article premier.

Les Maistres particuliers, ou leurs Lieutenans, connoisttont en premiere instance, à la charge de l'appel, soit de partie à partie, ou à la Requeste de nostre Procureur, tant au civil qu'au criminel, de toute la matiere des Eaux & Forests, & ses circonstances & dépendances, suivant les restrictions & limitations contenuës és Articles de la presente Ordonnance.

II.

Lors qu'ils ne seront pas Graduez, le Lieutenant au Siege fera l'instruction & le rapport en toutes affaires civiles & criminelles, & les Maistres auront voix deliberative & la prononciation; mais où ils se trouveront Graduez, le Lieutenant n'aura simplement que le rapport & son suffrage; l'instruction, le jugement & la prononciation, suivant la pluralité des voix, demeurant au Maistre, tant en l'Audiance qu'en la Chambre du Conseil.

III.

Tiendront leur Audiance, au moins une fois chaque semaine, au lieu accoustumé, & seront appellées les premieres les causes remises de l'Audiance precedente, s'il y en a, ou seront jugées sommairement, autant qu'il se pourra, toutes affaires, particulierement les procez verbaux des Garde-marteaux, Gruyers & Sergens, & les amendes taxées sans remise, dont le Rôlle sera par eux signé, pour estre mis de trois mois en trois mois entre les mains du Sergent Collecteur, qui sera tenu le lendemain du premier jour d'Audiance de chacun mois de rapporter ses diligences, & d'en rendre compte aux Maistres particuliers à la poursuite de nostre Procureur, pour estre incessamment pourveu ainsi qu'il appartiendra, à peine d'en demeurer responsables en leurs privez noms.

IV.

Ne pourront juger, soit en l'Audiance ou la Chambre du Conseil, ny donner aucun élargissement de prisonniers & main-levées de bestiaux saisis, que sur les Conclusions de nostre Procureur, & de l'advis du Lieutenant en la Maistrise, & du Garde-marteau, s'ils sont presens à la seance.

V

Cotteront & parapheront les Registres de nos Procureurs, Garde-marteaux, Gruyers, Greffiers, Sergens, & Gardes dans nos Forests, Bois & Buissons, & des Bois en Grurie, Grairie, Tiers & Danger, possedez en appanage, engagement, & par usufruit, à ce qu'il n'y puisse rien estre adjoûté ny diminué.

VI.

Feront de six mois en six mois une Visite generale dans toutes nos Forests, Bois, & Buissons, Bois sujets à Grurie, Grairie, Segrairie, Tiers & Danger, & dans ceux tenus par indivis, appanage, engagement & usufruit, ensemble des Rivieres navigables & flotables de leurs Maistrises, assistez des Garde-marteaux & Sergens, sans en exclure les Lieutenans, & nos Procureurs des Maistrises, qui pourront y estre presens si bon leur semble; à peine de cinq cent cent livres d'amende contre les Maistres, & de suspension de leurs Charges pour six mois; sauf en cas de recidive à les mulcter plus severement, ainsi que les Grands-Maistres le jugeront à propos, lesquels regleront les temps de la visite pour estre faite par les Lieutenans, faute par les Maistres d'y satisfaire.

VII.

Le Procez verbal de Visite sera signé du Maistre particulier, & de tous les Officiers presens, & contiendra les ventes ordinaires & extraordinaires qui auront esté faites, de fustaye ou de taillis, durant le cours de l'année; l'estat, âge, & qualité du Bois de chacune garde & triage; le nombre & essence des arbres chablis; l'estat des fossez, chemins Royaux, bornes & separations, pour y apporter incessamment les remedes que les Maistres particuliers jugeront convenables; sans que les Visites generales puissent les dispenser d'en faire frequemment de particulieres, dont ils dresseront les procez verbaux qu'ils representeront aux Grands-Maistres, pour les instruire de la conduite des Riverains, Gardes & Sergens des Forests, Marchands Ventiers, leurs Commis, Bucherons, Ouvriers & Voituriers, & de toute autre chose concernant la police & conservation de nos Bois & Forests.

VIII.

Seront tenus de juger les amendes des delits contenus dans les procés verbaux de leurs visites, quinze jours aprés les avoir faites, à peine d'en demeurer responsables en leurs propres & privez noms.

IX.

Ordonnons aux Maistres particuliers d'arrester & signer en presence de nos Procureurs, quinzaine aprés chacun quartier écheu, les Rôlles des amandes, restitutions & confiscations, qui auront esté jugées au Siege de la Maistrise, aprés avoir esté par eux verifiées sur les procez verbaux & Jugemens rendus au Siege, & iceux faire délivrer au Sergent Collecteur, à la diligence de nos Procureurs, à peine de demeurer responsables des sommes contenuës dans les Rôlles.

X.

Les Maistres particuliers feront les recollemens des ventes usées dans nos Forests, Bois & Buissons, six semaines aprés le temps de coupe & vuidange expiré, & les adjudications des Bois taillis qui sont en Grurie, Grairie, Tiers & Danger, par indivis, appanage, engagement & usufruit, chablis, arbres de delit, menus marchez, panages & glandées, ainsi & aux termes qu'il est par Nous ordonné; & seront tenus avant le premier Decembre de chacune année, de dresser un estat des surmesures & outrepasses qu'ils auront trouvées lors du recollement des ventes de nos Bois, & des Bois taillis en Grurie, Grairie, Tiers & Danger des chablis & arbres de delit qu'ils auront vendus pendant le cours de l'année, & des adjudications qui auront esté par eux faites des panages & glandées; lequel estat contiendra les sommes par le détail de chacune nature, les noms des adjudicataires & cautions, qui sera signé du Lieutenant, nostre Procureur, du Garde-marteau & Greffier de la Maistrise, duquel ils délivreront autant au Receveur des Bois, s'il y en a d'estably, ou du Domaine, pour en faire le recouvrement, & en envoyeront autant au Grand Maistre avant le quinziesme Decembre, afin de le comprendre dans l'Estat General qu'il est tenu de faire du produit de nos Forests, pour estre par luy envoyé à nostre Conseil és mains du Controlleur General de nos Finances; le tout à peine contre les Maistres d'interdiction de leurs charges & d'amande arbitraire.

XI.

Pourront en outre visiter (assistez comme dessus) toutes les fois qu'ils le jugeront necessaire, ou qu'il leur sera ordonné par le Grand Maistre, les Bois & Forests appartenans dans l'estenduë de leurs Maistrises, aux Prelats & autres Ecclesiastiques, Commandeurs, Communautez tant Regulieres que Seculieres, Maladeries, Hospitaux & Gens de Main-morte, & en dresser leurs procés verbaux en la mesme maniere & sur les mesmes peines que nous leurs avons cy-devant prescrites pour les nostres.

XII.

Seront tenus d'envoyer au Grand Maistre autant des procés verbaux des visites generales, signez d'eux & des autres Officiers de la Maistrise, un mois apres qu'elles auront esté faites, à peine de trois cens livres d'amande contre le Maistre, privation de ses Gages, que le Receveur du Domaine ne pourra payer ny employer en son compte, qu'en rapportant la certification des Grands Maistres que les procés verbaux leur auront esté remis.

Lieutenant.

Article Premier.

Le Lieutenant sera gradué & fera en l'absence du Maistre les mesmes fonctions tant dans nos Bois & Forests, Bois en Grurie, Graïrie, Tiers & Danger, des Appanagistes, Engagistes & usufruitiers, pour les visites, assiettes, ventes, adjudications & recollemens, qu'en l'Audience & en la Chambre du Conseil pour juger les affaires & par tout ailleurs, auquel cas pour les Actes qu'il fera pour nous, il aura les deux tiers des droits, taxations & emolumens que prendroit le Maistre s'il estoit present, & pour les particuliers il en sera payé suivant les Reglemens & à proportion du Travail.

II.

Si le Maistre n'est pas gradué, le Lieutenant aura preferablement toute l'instruction des affaires qui concerneront les Eaux & Forests, & qui seront entre particuliers de partie à partie, ou à la Requeste de nostre Procureur.

III.

Sera tenu de resider dans la Ville où sera le Siege de la Maistrise, sans en pouvoir desemparer, particulierement aux jours & heures d'Audience, qu'apres qu'apres avoir adverty le Maiſtre ou le Garde-marteau, afin qu'ils ſuppléent en ſon abſence pour l'adminiſtration de la Juſtice, en ſorte que le Siege ſoit touſiours remply, à peine de privation de ſes gages.

IV.

Si un mois apres le temps qui ſera preſcrit aux Maiſtres particuliers pour leurs viſites generales, ils ne les ont faites, le Lieutenant ſera tenu de faire une viſite generale des Eaux & Forеſts de la Maiſtriſe, aſſiſté des Officiers, ainſi qu'il eſt dit au Chapitre du Maiſtre particulier, & ſous les meſmes peines qui ont eſté indictes contre luy.

Procureur du Roy.

ARTICLE PREMIER.

NOSTRE Procureur ſera Gradué, & fera l'exercice de ſa Charge tant au Siege de la Maiſtriſe que de la Grurie.

II.

SERA tenu d'avoir trois Regiſtres ſeparez & differens, dont le premier contiendra l'Eſtat de toutes les oppoſitions qu'il aura formées, & de celles qui luy auront eſté ſignifiées ou au Greffe de la Maiſtriſe, pour quelque cauſe que ce ſoit & des appellations qui auront eſté interjettées des Jugemens, Sentences, & Ordonnances renduës audit Siege, les noms des parties, les jours qu'elles auront eſté ſignifiées, & par luy envoyées au Procureur General, & qu'il en aura eſté donné advis au grand Maiſtre. Le ſecond ſera chargé de toutes les Concluſions preparatoires, & diffinitives qu'il aura données; Et le troiſieſme de toutes les affaires concernant les Bois tenus en Grurie, Grairie, Tiers & Danger, & par indivis, & des Appanagiſtes, Engagiſtes & uſufruitiers, & de ceux des Eccleſiaſtiques & Communautez qui ſe trouveront dans le détroit de la Maiſtriſe.

III.

AUCUN Exploit ou procés verbal ne ſera rapporté, ny aucune main levée, renvoy ou abſolution donnée, que ſur les Concluſions verbales ou par eſcrit, ſelon la diverſité ou diſpoſition des matieres, à peine contre le Maiſtre & autres Officiers contrevenans de cinq cens livres d'amande, & d'interdiction, meſme de privation en recidive.

IV.

SERA tenu de donner ſans aucun delay ny retardement, ſes Concluſions preparatoires & diffinitives ſur les procés verbaux de viſites des Officiers, rapports des Garde-marteaux, Sergens à garde, & generalement ſur tous les Actes qui luy ſeront preſentez, concernans les abus, malverſations, deſordres & entrepriſes faites ſur nos Eaux & Foreſts, Bois tenus en Grurie, Grairie, Tiers & Danger, & par indivis, & dans ceux poſſedez à titre d'appanage, engagement & uſufruit, & pour tout ce qui regarde noſtre ſervice, & de pourſuivre les Jugemens & condamnation ſur ſes Concluſions, à peine d'en demeurer reſponſable en ſon privé nom.

V.

SERA tenu de dresser chacun mois un Estat des appellations qui auront esté interjettées & luy auront esté signifiées, ou au Greffe du Siege où les jugemens ou condamnations auront esté renduës pour raison de nos Eaux & Forests, Bois & Buissons, & Bois tenus en Grurie, Grairie, Tiers & Danger, & par indivis, ou possedez à Titre d'Appanage, engagement & usufruit, qu'il envoyera trois jours apres à nostre Procureur au Siege de la Table de Marbre avec les pieces & des memoires instructifs pour la conservation de nos droits & interests; & s'il ne luy est signifié dans le temps de trois mois du jour des Appellations signifiées, des Sentences ou Jugemens de décharge desdites condamnations, il en fera poursuivre l'execution à sa Requeste, à peine d'en respondre en son propre & privé nom.

VI.

TIENDRA la main à ce que les papiers du Greffe soient exactement deposez dans les Armoires qui seront destinées à cet effet; & que le Garde Marteau, les Arpenteurs & Sergent à Garde ayent des Registres reliez pour enregistrer tous les procés verbaux qui seront par eux faits, lesquels Registres seront cottez, paraphez & arrestez de luy, qu'il fera representer quand besoin sera.

VII.

SERA tenu faire toutes les instances & poursuites necessaires pour parvenir aux assiettes, martellages, ventes, adjudications & recollemens de nos Bois, & la recherche & punition des delits, abus & malversations, sur les advis qui luy seront donnez, dans la huitaine apres que les rapports auront esté mis au Greffe, à peine de privation de ses gages pour la premiere fois, & de perte de sa charge, avec amande arbitraire en recidive.

VIII.

LES assiettes, adjudications, recollemens & tous autres Actes ne pourront estre differez, s'il n'est jugé à propos par le grand Maistre sous pretexte de remonstrances & requisitions qui auront esté faites par nostre Procureur, sauf à reparer aux frais & despens de l'Officier contrevenant, si la requisition se trouve bien fondée au Siege où il envoyera l'Acte de sa remonstrance ou opposition dont il sera tenu de donner advis à nostre Procureur General dans les quinze jours de l'expedition delivrée, à peine de respondre du prejudice que nous aurons souffert par sa negligence, en son propre & privé nom.

IX.

S'IL se passoit en l'Audience, assiette ou recollement des ventes & ailleurs aucun abus ou quelque chose à nostre prejudice, ou qu'il fust fait par le Grand Maistre, Maistre particulier & Officiers de la Maistrise & Grurie, des procedures & expeditions contraires à nos Ordonnances & Reglemens & à leur devoir, il sera tenu d'en faire à l'instant remonstrance & en demander Acte qui ne pourra estre refusé par le Iuge qui sera present, sous aucun pretexte, à peine d'interdiction de sa charge, dont luy sera delivré expedition par le Greffier sans remise, à peine de cinq cens liures d'amande.

X.

Les Rôlles des amandes, confiscations, restitutions & autres condamtions seront faits, signez & arrestez par les Officiers de trois en trois mois, à sa poursuite & diligence, & mis quinzaine apres chacun quartier écheu és mains du Sergent Collecteur des amandes pour en faire le recouvrement à sa Requeste, dont il retirera autant sous le Seing du Greffier, & au pied il fera mettre la vente par le Sergent Collecteur, & luy fera rendre raison le lendemain du premier jour d'Audience de chacun mois pardevant le Maistre Particulier, ou Lieutenant en la Maistrise, des diligences qu'il aura faites pour parvenir audit recouvrement; & s'il se trouve du deffaut, negligence ou autre manquement aux poursuites du Sergent Collecteur, il prendra contre luy telles conclusions qu'il verra bon estre, pour sur le tout estre pourveu ce qu'il appartiendra.

XI.

Luy seront communiquez tous Decrets qui se feront en Iustice, dénombremens, adveux, acensivemens, affeagemens, contracts de ventes, declarations, Titres nouueaux, reconnoissances & alienations des immeubles & heritages de toute nature, situez dans l'enceinte & joignant nos Bois & Forests, pour en donner advis aux Grands Maistres, & suivant leurs ordres & instructions, les blasmer, si besoin est, & empescher que rien ne soit vendu, aliené ou affeagé qui dépende de nos Domaines ou qui puisse prejudicier à nos droits ou establir servitude sur nos Bois & Forests, à peine de nullité de tous les Actes & Contracts qui seront faits sans cette formalité, lesquels ne feront aucune foy contre nous pour l'establissement d'aucuns droits pretendus par les particuliers, ny pour la proprieté des heritages y contenus, qui pourront estre par nous contestez; & si nostre Procureur donne de son mouvement quelque consentement, il en demeurera responsable envers nous & de tous nos dépens, dommages & interests.

XII.

Il aura l'une des clefs du coffre dans lequel sera mis le Marteau servant à la Marque des pieds Corniers, Balliveaux & autres, sans souffrir qu'il en soit marqué qu'en sa presence, & aura soin de le faire remettre à sa place, à la fin de chacune expedition.

Garde-Marteau.

Article Premier.

Assistera aux Audiences & en la Chambre du Conseil au jugement des affaires, où il aura voix deliberative avec le Maistre & le Lieutenant, & en leur absence administrera la Iustice, à l'exclusion de tous Advocats & Praticiens, si par Nous, par le grand Maistre ou son Lieutenant à la Table de Marbre, il n'en est autrement ordonné, & s'il n'est question de juger sur les rapports.

II.

Fera tous Martellages dans nos Forests, Bois & Buissons en l'estenduë de la Maistrise, mesme dans les lieux où il y aura des Gruiers, à quoy il vaquera en personne, sans liberté de commettre ou les confier à autre, sinon pour cause d'empeschement legitime, auquel cas il sera tenu d'en advertir le Maistre & Procureur du Roy, pour y estre pourveu en son lieu.

III.

Il aura un Marteau particulier pour marquer les Chablis & Arbres de delict, qu'il ne confiera jamais à aucune personne, pour les inconveniens qui en pourroient arriver, dont il demeurera responsable, & dressera des procés verbaux sur son Registre, qui contiendront tous les Arbres qu'il aura marquez, leur grosseur, qualité & essence, lesquels il fera signer par les Sergens à garde, & les mettra au Greffe de la Maistrise trois jours apres, sur les mesmes peines.

IV.

Tiendra Registre des Martelages des pieds Corniers, Balliveaux & autres arbres qu'il marquera, dont il sera dressé des procés verbaux contenans leur nombre, qualité, grosseur & essence, par le Maistre ou son Lieutenant, qui seront par eux signez & par nostre Procureur, Gardemarteau, Sergent de la garde & du Greffier, & d'autres procez verbaux de la reconnoissance qui sera faite des Arbres marquez lors du recollement des ventes.

V.

Outre l'assistance qu'il sera tenu de rendre aux visites des grands Maistres, des Maistres particuliers & autres Officiers, il fera une visite par chacun mois en toutes les gardes de nos Forests, Bois & Buissons, Bois en Grurie, Grairie Tiers & Danger, possedez par indivis & à titre d'Appanage, engagement & usufruit de la Maistrise, pour voir & connoistre si les Gardes ont rapporté fidellement tous les delits qui y seront faits, à l'effet dequoy ils seront tenus de l'assister lors des visites; & en fera encore une autre de quinzaine en quinzaine, des ventes ouvertes, & en leurs responses, ensemble des routes & chemins servans à la voiture du Bois, pour connoistre de l'exploitation & des abus, delits & contraventions, dont il dressera ses proces verbaux sur son Registre, qu'il fera signer par les Sergens à Garde & par les Facteurs ou Gardes-ventes, pour estre par luy trois jours apres mis au Greffe, dont il demeurera déchargé, & aprés avoir esté communiquez à nostre Procureur, seront rapportez & jugez au premier jour d'Audience, à peine pour la premiere fois de radiation de ses gages, & en recidive de privation de sa Charge.

Greffiers.

Article Premier.

Le Greffier aura huit Registres, cottez & paraphez par le Maistre ou son Lieutenant, & par nostre Procureur.

II.

Le premier sera pour l'Insinuation des Edits, Declarations, Arrests, Reglemens, & Ordonnances, Provisions, Commissions, Receptions, Institutions

tutions & destitutions d'Officiers & Gardes de la Maistrise.

III.

Le Second des Procés verbaux & actes d'assiettes, martellages, publications, encheres, adjudications & recollemens des ventes ordinaires & extraordinaires de Fustayes, Taillis & autres natures de Bois, mesme des Bois chablis & de delit, panages & glandées, tant de nos Bois & Forests, que des Bois tenus en Grurie, Grairie, Tiers & Danger, indivis, appanage, usufruit & par engagement, dans lequel sera aussi employé l'estat qui sera dressé chacune année par les Maistres particuliers de tout ce qui nous doit revenir dans chacune Maistrise; lesquels procés verbaux & Actes seront signez par le Maistre, nostre Procureur, Gardemarteau, Receveur particulier de nos Bois, s'il y en a d'establis, ou du Domaine, & par les autres Officiers qui les auront faits.

IV.

Le Troisiesme, des procés verbaux de visite des Maistres particuliers, de leurs Lieutenans, Gardemarteaux & Gruiers, des rapports des Gardes & Sergens qui seront par eux signez sur le Registre, à mesure qu'ils auront esté faits ou presentez, sans retardement ou changement de dattes, & des confiscations, amendes, restitutions, dommages & interests adjugez en consequence.

V.

Le Quatriesme, des causes d'Audience, auquel seront transcrits les Jugemens rendus sur Plaidoyers & procés par escrit, afin d'y avoir recours & obvier au divertissement des minutes.

VI.

Le Cinquiesme contiendra les Contracts de ventes volontaires ou judiciaires, denombremens, adveus, arrentemẽs, affeagemens & declarations des immeubles & heritages assis au dedans de l'enceinte de nos Forests, ensemble les contredits & empeschemens ou consentemens qui y seront donnez par nostre Procureur.

VII.

Le Sixiesme, de tous les actes & procedures qui regarderont la Navigation & le Flottage sur les Rivieres, la Pesche & la Chasse.

Et le Septiesme de ce qui pourra estre fait pour les Bois des Ecclesiastiques, Communautez, Gens de main-morte & particuliers, au cas dont il est parlé au premier Chapitre de la Jurisdiction, & le huitiesme sera pour le depost de tout ce qui sera apporté ou consigné au Greffe.

IX.

Les Greffiers des Maistrises feront de trois mois en trois mois au plus tard, quinzaine aprés chacun quartier, les Rôlles des amandes adjugées dans les Sieges de leur establissement, dans lesquels ils pourront employer cinq sols sur chacun article de condamnation, pour le droit de Sentence, & deux sols pour le droit de chacun deffaut qui sera donné; & sept sols six deniers pour le salaire du Sergent, sur le rapport duquel il y aura eu condamnation; desquels droits ils seront payez par le Sergent Collecteur, à proportion de la recepte actuelle, sans que les Greffiers puissent pretendre aucuns salaires sous pretexte de la grosse des Rôlles ny autrement ; & en délivreront deux expeditions en bonne forme à nos Procureurs, dont l'une leur demeurera, & l'autre sera fournie huit jours aprés au Sergent Collecteur pour en faire le recouvrement.

X.

Ne pourront prendre plus grand salaire pour les expeditions qu'ils délivreront, que de trois sols pour chacun Rôlle de papier, & quinze sols pour Rôlle de parchemin, qui sera remply du nombre de lignes, mots & sillabes porté par l'Ordonnance. Et pour les autres droits des instructions, ils seront cy-apres reglez sur les advis des grands Maistres, aprés avoir entendu les Officiers des Maistrises, sans qu'ils puissent prendre aucuns salaires pour celles qui seront délivrées à nos Procureurs ou à nos autres Officiers pour nos affaires, ny mettre en parchemin aucunes expeditions, sinon les Sentences diffinitives renduës sur veu de pieces.

XI.

Si par fraude ou autrement le Greffier obmet d'employer aucuns articles des procés verbaux de visites & rapports dans ses Registres, & des condamnations dans les Rôlles, il sera tenu de payer le quatruple à nostre profit pour la premiere fois, & destitué de sa charge en recidive.

XII.

Le Greffier sortant d'exercice sera tenu de remettre en l'armoire, qui sera pour ce mise en la chambre de la Maistrise, les Registres & toutes autres pieces du Greffe, dont il sera dressé un inventaire par le Maistre ou le Lieutenant, & nostre Procureur, qui sera signé du Greffier, & certifié que par dol ou autrement il ne retient aucune piece ; & le tout sera mis és mains du Greffier ou Commis qui succedera, lequel s'en chargera au pied du mesme inventaire ; sans que les heritiers puissent les retenir ny aucunes pieces, sous quelque pretexte que ce soit, & ainsi successivement ; mais il leur sera payé moitié des émolumens des expeditions qui seront delivrées par le Greffier en exercice, qui retiendra l'autre moitié pour ses salaires & de ses Clercs & Commis.

XIII.

Les Veuves, enfans ou heritiers des Greffiers & Commis decedez demeureront responsables des Registres & pieces du Greffe, jusques à ce qu'ils les ayent remises en la forme cy-dessus ; & en cas de retention, seront contraints par toutes voyes, mesmes par corps, à les remettre incessamment, à la diligence de nos Procureurs, à peine d'en demeurer responsables en leurs noms.

Gruyer.

ARTICLE PREMIER.

Les Gruyers auront un lieu fixé pour y tenir leur Siege à jour & heure certaine, en chacune semaine, & feront residence dans le destroit de la Grurie, le plus prés des Bois que faire se pourra, à peine de perte de leurs gages, & d'interdiction.

II.

AURONT un Marteau particulier duquel ils marqueront les Arbres de delit, & les chablis.

III.

NE pourront juger que des delits dont l'amande sera fixée par nos Ordonnances à la somme de douze livres & au dessous, mais si elle estoit arbitraire ou excedente cette somme, ils seront tenus de renvoyer la cause & les parties pardevant le Maistre particulier de leur Grurie, à peine de cinq cens livres d'amande pour la premiere fois, & d'interdiction pour la recidive.

IV.

VISITERONT de quinzaine en quinzaine les Eaux & Forests de leurs Gruries en la mesme sorte & maniere que les Officiers des Maistrises doivent proceder à leurs visites : feront les mesmes observations & rapports des delits, degasts, & abroutissement, malversations, abbatis de Balliveaux, pieds Corniers, Arbres de liziere & autres reservez, bornes, fossez, & generalement de tout ce qui aura esté fait contre l'Ordre estably par le present Reglement.

V.

LES Sergens à Garde des Bois de leur Grurie leur porteront les rapports de tous delits, les affirmeront & feront registrer au Greffe vingt quatre heures aprés la reconnoissance du fait, & les Gruyers renvoyeront à la Maistrise ceux qui pourront donner lieu aux condamnations excedantes douze livres.

VI.

AURONT un Registre cotté & paraphé par le Maistre particulier ou Lieutenant, & nostre Procureur, dans lequel ils transcriront les procés verbaux de leurs visites, observations, marques, & reconnoissances, les rapports des Sergens à garde & tous les autres actes de leur charge, qu'ils feront signer par les Sergens, & trois jours aprés chacun acte ils jugeront les articles de leur competence & envoyeront une expedition sous leur Seing, des autres au Greffe de la Maistrise : feront procés verbaux indefiniment de toutes matieres, informeront, decreteront & arresteront en flagrant delit, tant pour nos Eaux & Forests, Bois & Buissons de leur destroit, que pour les Bois tenus en Grurie, Grairie, Tiers & Danger, indivis, appanage, usufruit & par engagement & des Communautez.

VII.

RE'PONDRONT des delits, abroutissemens & desordres qui arriveront és Bois & Forests de leur Grurie, & seront tenus des amandes & restitutions que les delinquans & usurpateurs auroient encouruës, faute d'avoir pourveu par condamnation jusques à douze livres, ou par l'excedant, d'en avoir envoyé les procés verbaux & advis au Greffe de la Maistrise, huit jours apres le delit commis ou l'usurpation faite.

VIII.

Délivreront de trois mois en trois mois les Rôlles des amandes qu'ils auront jugées, ſignez d'eux & du Greffier, & à noſtre Procureur de la Maiſtriſe pour eſtre par luy fournis au Collecteur des amandes pour en faire le recouvrement, dans leſquels il ſera employé ſur chacun article de condamnation trois ſols pour le Greffier, & trois ſols pour le Sergent à Garde, dont ils ſeront payez ainſi qu'il eſt dit pour la maiſtriſe.

IX.

LEUR deffendons expreſſement de diſpoſer des amandes de leurs Gruries ſous aucun pretexte, à peine d'interdiction, ſauf à leur eſtre fait taxe par le grand Maiſtre pour leurs diligences & vacations extraordinaires à prendre ſur les deniers provenans de celles contenuës en leur Rôlles, ainſi qu'il appartiendra.

Des Huiſſiers Audienciers, Gardes Generaux, Sergens & Gardes des Foreſts & des Bois tenus en Grurie, Grairie, Segrairie, Tiers & Danger, & par indivis.

ARTICLE PREMIER.

AVONS Reſtably & reſtabliſſons deux Huiſſiers Audienciers en chacune de nos Maiſtriſes, qui rendront alternativement, de huitaine en huitaine, le ſervice en l'Audience, & ſeront ſubſtituez aux occaſions dans nos Foreſts à la place des Sergens à Garde interdits, malades ou decedez, pour y faire leurs meſmes fonctions, par les ordres du grand Maiſtre, ou en ſon abſence, des Officiers de la Maiſtriſe; & jouïront des meſmes privileges & exemptions accordées aux Sergens à Garde, & des meſmes gages, à proportion neantmoins du temps qu'ils auront ſervy és Foreſts en la place de ceux auſquels ils auront eſté ſubſtituez.

II.

Ne ſeront receus aucuns Sergens à garde que ſur information de vie & mœurs, par témoins qui ſeront adminiſtrez par noſtre Procureur en la Maiſtriſe, & qu'ils ne ſçachent lire & eſcrire, meſme qu'ils n'en ayent fait experience en preſence des Officiers du Siege.

III.

Supprimons les Sergens traverſiers, Maiſtres Gardes, ſurgardes, Routiers & Sergens dangereux de toutes nos Eaux & Foreſts, & Bois & des Bois tenus en Grurie, Grairie, Tiers & Danger, indivis, appanage, engagement & uſufruit, ſauf à pourvoir à leur indemnité ainſi que de raiſon; & en leurs lieux voulons qu'il ſoit par nous eſtably des Gardes Generaux à Cheval de nos Rivieres, Foreſts, Bois & Buiſſons cy-deſſus, leſquels porteront des caſaques brodées de nos armes pour les faire reconnoiſtre, & leur ſera par nous fait fonds de gages raiſonnables, ſuivant les eſtats qui en ſeront arreſtez en noſtre Conſeil ſur les advis des grands Maiſtres.

IV.

I V.

Les Gardes generaux à cheval de nos Eaux & Forests marcheront incessamment dans les Forests & Bois, & le long des Rivieres, suivant les Ordres & instructions qui leur seront données par les Grands-Maistres, chacun dans son département, afin de tenir les Gardes ordinaires dans leur devoir; presteront main-forte aux Gardes particuliers; feront toutes sortes de captures & rapports aux Maistrises, dans l'estenduë desquelles les delits auront esté commis, en la maniere que font les autres Gardes; seront à la suite des Grands-Maistres en tel nombre, & quand ils jugeront à propos; executeront leurs Mandemens, Jugemens & Ordonnances, ceux des Maistrises particulieres: & generalement feront tous Actes & Exploicts pour raison de nos Eaux, Rivieres, Forests, Bois & Buissons, & autres cy-dessus.

V.

Et au lieu de Sergens dangereux, il sera par Nous estably des Sergens à Garde de nos Rivieres & de Bois qui leur estoient commis, lesquels feront les mesmes fonctions que ceux de nos autres Bois & Forests.

V I.

Les Sergens seront tous assidus chacun en leur Garde, & ne pourront s'en absenter que pour cause de maladie ou autre excuse legitime, apres avoir eu la permission du Maistre & de nostre Procureur, afin qu'ils y commettent ou substituent le plus prochain Garde ou autre personne en leur place.

V I I.

Auront chacun un Registre cotté par nombres, & paraphé du Maistre particulier, & de nostre Procureur, contenant les procés Verbaux de leurs visites, rapports, exploicts, & tous autres actes de leur Charge: ensemble l'Extrait de la vente ordinaire & extraordinaire, & l'estat, tour, qualité & valeur des arbres chablis ou encroüez, & generalement de tout ce qui se sera fait pour, ou contre nostre service dans l'estenduë de leurs gardes.

VIII.

Le nombre des Sergens sera divisé en deux parties, qui comparoistront alternativement à l'Audience de la Maistrise ou de la Grurie, mesmes aux Assises, suivant l'ordre des Officiers, pour les informer de l'estat de leurs Gardes, y presenter, affirmer & faire enregistrer les rapports qu'ils pourront lors avoir en leurs mains, sur lesquels voulons que les Officiers puissent condamner à peine pecuniaire, quoy qu'il n'y ait aucune preuve ny information, pourveu que les Parties accusées ne proposent point de cause suffisante de recusation.

I X.

Les Sergens répondront des delits, degats, abus & abroutissemens qui se trouveront en leurs gardes, & seront condamnez en l'amende, restitution, & aux interests, comme le seroient les delinquans, faute d'avoir fait leur rapport, & iceluy mis au Greffe de la Maistrise ou Grurie deux jours au plus apres le delit commis, & faute de nommer dans leur rapport les delinquans, & d'exprimer les lieux où les bois & arbres de delit auront esté trouvez, le nombre & la qualité des bestes surprises en faisant le dommage, & declarer ceux à qui elles appartiendront.

X.

FERONT de trois mois en trois mois un rapport du nombre des bornes estans au tour, & faisans les limites de nos Bois & Forests, de leur estat, de celuy des fossez & hayes estans en leur garde, contenant les deffauts qu'ils y auront remarqué, lesquels ils mettront au Greffe de la Maistrise pour y estre pourveu; & faute de donner sur ce les avis & éclaircissemens necessaires, en demeureront responsables, & seront punis d'amende ou de destitution, ou de l'un & de l'autre ensemble, selon qu'il sera jugé plus convenable par les Officiers, eu égard à la qualité du fait.

XI.

SERONT tenus de demeurer à demie-lieuë de leur garde, & ne sera aucun admis du nouveau ou continué, qu'apres avoir donné bonne & suffisante caution jusques à la somme de trois cent livres, qui sera receuë avec nostre Procureur, pour seureté des amendes, restitutions & dommages, dont il pourroit estre responsable ou condamné.

XII.

NE pourront faire commerce de bois, tenir atteliers ou amas en leurs maisons, prendre ventes, ou s'associer avec les Marchands, tenir cabarets & hostelleries, ny boire avec les delinquans qui leur seront connûs, à peine de cent livres d'amende pour la premiere fois, & de plus grande, avec destitution en recidive.

XIII.

LEUR permettons de porter des pistolets tant pour la conservation de nos Bois, que pour la seureté de leurs personnes, des passans & voituriers; deffendons à toutes personnes de leur méfaire, ou de les troubler en la fonction de leurs Charges, à peine d'estre punis, suivant la rigueur de nos Ordonnances.

XIV.

S'IL se trouvoit qu'ils eussent abusé de leurs armes, chassé ou tiré aucun gibier de quelque espece que ce soit, dans nos Forests ou à la campagne, ils seront punis par amende, destitution de leurs Charges ou bannissement des Forests, mesme de punition corporelle s'il y échet.

XV.

LES Sergens generaux & à Garde de nos Bois, Forests, Rivieres, plaines & Plaisirs, ne pourront faire aucuns Exploits que pour les Eaux & Forests, & Chasses, à peine de Faux. Revoquant à cét effet toutes Lettres & ampliations que nous pourrions leur avoir accordées.

Arpenteurs.

Article premier.

Sera par nous choisi & commis un Arpenteur, homme d'experience & de probité reconnuë, en chacun departement, pour estre à la suite du Grand-Maistre, pendant qu'il fera ses visites, adjudications & reformations, & par ses Ordres faire tous les arpentages, mesures & recollemens ordinaires ou de reformation, & deux autres en chacun Bailliage ou Maistrise.

II.

Ils ne seront receus que sur information de vie & mœurs, & donneront caution jusqu'à mil livres, qui sera receuë par le Grand-Maistre, pour assurance des abus & malversations qu'ils pourroient commettre en leur exercice, avant que de s'immiscer.

III.

Feront de toutes les assietes de ventes un plan figuré, sur lequel ils designeront les pieds corniers auec leurs témoins, les arbres de liziere ou de paroy, leur nombre, qualité, & toutes les marques qui y auront esté faites, la distance de pied cornier en pied cornier, l'emprunt, tant de la droite ligne que de l'angle, & des circonstances necessaires pour servir à la reconnoissance ou conservation de tous les arbres reservez, lors du recollement.

IV.

Feront tous les arpentages & mesures qui escherront en leur détroit, tant pour nos Bois, Fonds, & Domaines, que pour ceux tenus en Grurie, Grairie, Tiers & danger, appanage, engagement, usufruit, & par indivis, mesme pour ceux des Ecclesiastiques, Communautez, & gens de main-morte, ensemble pour tout ce qui sera ordonné par authorité de Justice, pour quelque cause que ce soit, preferablement à tous autres Arpenteurs, à peine de nullité ; laissant aux Particuliers la liberté de s'en servir en tous actes, mesures, & délivrances volontaires, ou d'autres mesureurs, à leur choix, ainsi que bon leur semblera.

V.

Sera tenu l'Arpenteur du Grand-Maistre de le suivre, lors qu'il luy sera ordonné, & de faire par ses ordres toutes assiettes de ventes, arpentages, mesurages, recollemens, pans, figures, assiettes, & reconnoissances de bornes, lizieres ou fosses, & generalement tous actes de sa profession, & d'en tenir bon & fidel Registre, dont il mettra le double, avec autant des plans & figures, és mains du Grand-Maistre, & au Greffe de la Maistrise, huit jours apres la consommation de l'Ouvrage, & en retirera décharge, à peine d'interdiction pour la premiere fois, & de privation en recidive.

VI.

Si les Arpenteurs d'une Maistrise estoient absens ou malades, les Officiers en donneront advis aux Officiers de la Maistrise voisine, qui seront tenus d'envoyer leurs Arpenteurs ordinaires, ou l'un d'eux, selon qu'ils en seront requis, ce que Nous leur enjoignons de faire sous les mesmes peines: Et faisons deffenses aux Officiers de se servir d'autres Arpenteurs, que ceux par Nous pourveus ou commis, à peine de nullité & de demeurer responsables.

VII.

Seront tenus de visiter une fois chacune année, tous les fosses, bornes, & arbres de lizieres, separans & fermans nos Forests & Bois, dans lesquels nous avons interest, pour connoistre s'il y a quelque chose de remply, changé, couppé, arraché, ou transporté: & s'il est besoin, feront les assiettes, remises, & remplacement de bornes qui auront esté arrachées & transportées, ou qui manqueront, suivant les Ordres des Grands-Maistres & Jugemens des Officiers, & marqueront tous les allignemens des Fossez à faire & à relever, dont ils feront Procés Verbal sur leur Registre, signé du Sergent de la Garde, & en mettront autant trois jours apres la Visite, au Greffe de la Maistrise, à peine d'interdiction pour la premiere fois, & de punition en recidive.

VIII.

Si aucun des Arpenteurs avoit par connivence, faveur, ou corruption, celé un transport ou arrachement de bornes, souffert ou fait luy-mesme un changement de pieds corniers, il sera dés la premiere fois privé de sa Commission, condamné à l'amende de cinq cens livres, banny pour toûjours de nos Forests, sans que les Officiers puissent moderer ou differer la condamnation, à peine de perte de leurs Offices.

Assises.

Article premier.

Les Maistres particuliers, ou leurs Lieutenans, tiendront leurs Assises ou Hauts Jours, deux fois l'année, aux jours & lieux publics accoustumez, où seront tenus d'assister tous les Officiers des Maistrises, Gruries & Grairies, à peine de vingt livres d'amende contre les deffaillans, s'il n'y a excuse legitime.

II.

Le Chapitre des Assises contenu dans le Reglement General, sera leu & publié à l'entrée & ouverture des Assises.

III.

Les Assises ne pourront estre prolongées au delà de deux jours, pendant lesquels les Forests demeureront fermées, & si quelqu'un y entroit, il sera mulcté d'amende, & s'il y commettoit delit, il sera puny comme voleur.

IV.

Nostre Procureur formera ſes plaintes contre ceux qui auront commis fautes, ſur leſquelles ſera fait droit le plus promptement que faire ſe pourra, Parties oüies ou deuëment appellez.

V.

Il fera auſſi ſes remonſtrances ſur les abus qui ſeront venus à ſa connoiſſance, auſquels ſera pourveu ſelon l'exigence des cas.

VI.

Sera fait Regiſtre par les Greffiers de tout ce qui aura eſté requis & ordonné pour la Police des Foreſts : & ſeront tenus les Maiſtres & Officiers ſe conformer à ces Preſentes, & s'il y avoit quelque choſe qu'il fuſt beſoin d'expliquer ou innover, ils en donneront inceſſamment advis aux Grands-Maiſtres & à noſtre Procureur de la Table-de-Marbre, pour ſur leur advis y eſtre par nous pourveu.

VII.

Toutes les condamnations & Jugemens qui interviendront pendant le temps des Aſſiſes & Hauts-Jours, ſeront redigez par le Greffier ſur ſon Regiſtre, qui ſera ſigné par le Maiſtre, le Lieutenant, & noſtre Procureur, avant que de ſe ſeparer.

VIII.

Tous les Rapports envoyez ou portez aux Aſſiſes, ſeront jugez par le Maiſtre en l'Audience, de l'advis des Lieutenant & Garde-marteau, & s'il s'y preſente quelque Cauſe qui merite d'eſtre inſtruite, elle ſera renvoyée au premier jour d'Audience, au Siege Ordinaire de la Maiſtriſe, pour en eſtre l'inſtruction faite par le Maiſtre ou ſon Lieutenant.

IX.

Les Marchands & Facteurs pourront faire leurs plaintes contre ceux qui les auront troublez en l'exploitation de leurs ventes, & fait quelques exactions ou violences, ſur leſquelles ſera fait droit, ainſi qu'il appartiendra.

X.

Les Officiers, Ouvriers, & Marchands, Facteurs, & tous autres obligez de comparoir aux Aſſiſes, ne pourront eſtre condamnez qu'avec connoiſſance de Cauſe, à proportion des delits, & pour des motifs & raiſons qui ſeront inſerées dans les Jugemens, ſans que les Officiers les puiſſent taxer à certaines ſommes pour eſtre déchargez, ſur peine de nullité & d'amende arbitraire.

XI.

Deffendons aux Officiers qui tiendront les Aſſiſes, de ſe taxer, prendre ny recevoir aucune choſe en argent, preſens ou equivalent, ſous pretexte d'eſpices & ſignature des Jugemens qu'ils y rendront, vacations ny autrement, en quelque ſorte que ce ſoit, ſur peine de concuſſion.

XII.

Huit jours avant l'ouverture des Assises, seront tenus les Pescheurs de l'estenduë de chacune Maistrise, assignez par Exploits separez pour chacun, à leurs personnes ou domiciles, par le Sergent Garde-pesche, d'y comparoistre pour élire des Maistres de Communauté.

Table-de-Marbre & Juges en dernier ressort.

ARTICLE PREMIER.

Les Tables-de-Marbre de nos Palais de Paris, Roüen, & autres, jugeront tous les Procés Civils & Criminels, concernant le fonds & proprieté de nos Eaux & Forests, Isles & Rivieres, Bois tenus en Grurie, Grairie, Segrairie, Tiers & danger, appanage, usufruit, engagement & par indivis; & tous ceux qui leur seront portez ou envoyez par les Grands-Maistres des Eaux & Forests de leur département, à la charge neantmoins de l'Appel aux Parlemens où il ressortissent, és cas subjets à l'Appel.

II.

Connoistront aussi de toutes les appellations de Sentences & Jugemens rendus par les Officiers des Maistrises, & autres Juges inferieurs de leur ressort; Comme aussi des Jugemens emanez des Justices Seigneuriales, concernant la matiere des Eaux & Forests; & leur deffendons tres-expressément de surseoir l'execution des Jugemens rendus pour delits, malversations, confiscations, & destitutions, dont il sera appellé; à peine d'interdiction & d'amende arbitraire.

III.

Les Appellations des Grands-Maistres, leurs Lieutenans, & autres Officiers des Tables-de-Marbre, seront relevées & jugées en nos Cours de Parlement, en la maniere ordinaire, és cas qui ne seront point de la competence des Juges establis pour juger en dernier ressort.

IV.

Si neantmoins il y avoit Appel d'un Jugement rendu par l'une de nos Maistrises, touchant le fonds de nos Bois & Forests, & de ceux tenus en Grurie, Grairie, Segrairie, Tiers & danger, indivis, appanage, engagement, & usufruit. Voulons qu'il puisse estre relevé directement, & jugé en nostre Cour de Parlement où il ressortit, sans passer par le degré intermediat de nostre Table-de-Marbre.

V.

Toutes Appellations de Jugemens rendus sur le fait d'usage, abus, delits, & malversations commises dans nos Eaux & Forests ou en celles de nos Subjets, seront jugées au Siege de la Table-de-Marbre par les Juges establis pour y juger en dernier ressort, soit qu'il y écheoye mort civile ou naturelle, ou toute autre peine.

VI.

Les Grands-Maistres pourront assister à toutes Audiences, Jugemens, Reglemens & deliberations qui se feront aux sieges des Tables-de-Marbre, y presideront en l'absence des Juges en dernier ressort, & auront voix deliberative, & tous les Actes, Sentences & Jugemens qui y seront rendus, seront intitulez du nom & qualité des Grands-Maistres, soit qu'ils soient presens ou absens.

VII.

Laissons en liberté de nos Procureurs és Maistrises de poursuivre sur les lieux pardeuant nos Officiers des Eaux & Forests, ou de faire assigner directement pardevant les Grands-Maistres, ou aux sieges de la Table-de-Marbre, les Communautez ou Particuliers qu'ils pretendront avoir entrepris ou usurpé sur nos Eaux, Rivieres, Bois & Forests, & autres dans lesquelles nous pretendons droict, à la charge neantmoins que les Officiers des Tables-de-Marbre renvoyeront toutes instructions à ceux de la Maistrise, ou de la plus prochaine, sans qu'ils puissent la retenir ny commettre aucun d'entr'eux, pour instruire & faire descente sur les lieux.

VIII.

Ne pourront les Lieutenans & Officiers des Tables-de-Marbre entreprendre aucune reformation, s'ils n'ont esté par Nous commis, ou par le Grand-Maistre, si toutefois le cas requeroit celerité, & que les Grands-Maistres fussent éloignez de plus de dix lieuës du siege, où le desordre se seroit commis, ils pourront faire l'instruction apres avoir pris leur attache, & donner les Jugemens interlocutoires, sans qu'ils puissent passer outre au jugement diffinitif, qu'en presence des Grands-Maistres.

IX.

Ne pourront aussi decreter sur simples Procés Verbaux ou informations faites par Huissiers & Sergens, ny donner & addresser leurs Commissions qu'aux Officiers des Maistrises, ou autres Juges Royaux, és lieux où il n'y a pas de siege des Eaux & Forests, à peine de nullité, & de répondre des dommages & interests des Parties.

X.

Ne pourront aussi, lors qu'il y aura lieu de decreter ou assigner sur le rapport des Charges, Procés Verbaux ou informations des Officiers commis, obliger les Parties de comparoistre aux sieges des Tables-de Marbre, pour estre oüyes, & proceder aux recollemens & confrontations; mais seront tenus de renvoyer l'instruction au mesme Officier qui aura informé ou autre de la plus prochaine Maistrise, s'il y avoit cause de suspicion ou recusation, pour faire le Procés jusqu'à jugement diffinitif exclusivement, à peine de nullité & dépens, dommages & interests des Parties.

XI.

Les Maistres particuliers, Lieutenans, nos Procureurs & Garde-marteaux seront receus aux sieges des Tables-de-Marbre, information prealablement faite de leurs vie & mœurs sur les lieux, par le Grand-Maistre ou autre Officier des Eaux & Forests par luy commis, & payeront pour tous frais, épices & vacations douze livres aux Juges, huit livres à nostre Procureur, pareille somme au Greffier, & six livres aux Huissiers pour chacun Officier, & pour tous Actes & expeditions : Faisant tres-expresses deffenses aux Officiers des Tables-de-Marbre de prendre plus grande somme, ny recevoir aucun present, sous tel pretexte que ce soit, à peine de concussion.

Des Appellations.

Article Premier.

Les Appellations des Gruries ne pourront estre relevées directement à la Table-de-Marbre ; mais elles passeront necessairement par le degré des Maistrises où elles seront tenuës de les juger diffinitivement sur le champ.

II.

Elles seront relevées & poursuivies dans la quinzaine de la condamnation, sinon, la Sentence s'executera par provision, & le mois écoulé sans appel ou sans poursuite, elle passera en force de chose jugée en dernier ressort.

III.

L'appel des Maistres particuliers sera relevé immediatement aux sieges de nos Tables-de-Marbre, dans le mois de la Sentence prononcée ou signifiée à la Partie, & mis en estat de juger dans les trois mois de la prononciation ou signification, sinon, la condamnation executée en dernier ressort, soit qu'il y ait appel ou non : Auquel effet enjoignons aux Juges de nos Tables-de-Marbre qui en seront chargez, d'en faire le rapport dans vn mois pour tous delais, apres qu'ils leur auront esté distribuez, à peine d'en répondre en leurs propres & privez noms.

IV.

Si toutesfois la Sentence contenoit quelque peine afflictive ou infamante, la faculté d'en appeller ne se prescrira que par l'espace de vingt années ; mais apres les trois mois cy-dessus prefinis, elle s'executera pour les amendes pecuniaires & condamnations Civiles, sans qu'à cét égard elle puisse estre reformée.

V.

Ne pourront les Appellations des Grands-Maistres ou leurs Lieutenans de la Table-de-Marbre, estre relevées ailleurs qu'en nos Cours de Parlement, & Voulons que le temps de les relever & de les juger soit pareil, tant au Civil qu'au criminel, à celuy qui a esté prescrit pour les Appellations des Maistres Particuliers, sinon, que leurs Jugemens soient executez en la forme & maniere establis par les articles precedens.

VI.

VI.

Tous Jugemens interlocutoires rendus par les Grands-Maistres ou Maistres particuliers, seront executez sans prejudice de l'appel, tant en matiere civile que criminelle, nonobstant qu'il fût qualifié de Juge incompetant, pourveu toutesfois que le cas soit reparable en diffinitive.

VII.

Les Jugemens & Sentences diffinitives des Grands-Maistres qui n'excederont point la somme de deux cens livres en principal, ou vingt livres de rente, & celles des Maistres particuliers cent livres ou dix livres de rente, seront executées par provision, sans prejudice de l'Appel.

VIII.

Les Appellations des Gruiers & autres Officiers des Seigneurs particuliers sur le fait des Eaux & Forests, seront relevées directement aux Sieges des Tables-de-Marbre, & jugées dans le temps contenu au troisiéme Article, & jusques à ce il sera sursis à l'execution de leurs jugemens diffinitifs.

IX.

Toutes Appellations de Sentences renduës en l'Audience & sur des procez Verbaux de visites & rapports, seront plaidées en l'Audience de nos Sieges des Tables-de-Marbre; mais si elles sont intervenuës sur des appointemens en droit, les parties concluront sur leurs appellations comme en procez par écrit.

X.

Permettons aux parties de relever leurs appellations par Lettres, ou par Requestes, à leur choix.

De l'Assiette, Ballivage, Martellage & Ventes de Bois.

Article premier.

Il ne sera fait aucune vente dans nos Forests, Bois & Buissons, soit de fustaye ou de taillis, que suivant le Reglement qui en sera arresté en nostre Conseil ou sur Lettres Patentes bien & deüement registrées en nos Cours de Parlement & Chambres des Comptes, à peine de restitution du quatruple de la valeur des bois vendus contre les Adjudicataires, & contre les Ordonnateurs de perte de leurs Charges.

II.

Les Adjudications des ventes de nos Bois tant en fustaye que taillis, ne pourront estre faites à l'avenir que par les Grands-Maistres, faisant deffences aux Officiers des Maistrises de reconnoistre autres personnes, à peine d'en respondre en leur nom.

III.

TOUTES adjudications de nos Bois, soit fustaye ou taillis, seront faites dans les auditoires où se tient la Justice ordinaire des Eaux & Forests, & ne le pourront estre ailleurs, à peine de nullité, & de dix mil livres d'amende contre le Grand-Maistre ou autre qui aura contreuenu.

IV.

LES Grands-Maistres feront chacune année auant les adjudications de nos Bois, leurs visites des ventes assises pour estre adjugées, dans lesquelles ils seront accompagnez de l'Arpenteur à ce destiné, auquel ils designeront les Bois à asseoir pour l'année suivante, luy marqueront en quelle forme la mesure en sera faite pour nostre plus grand profit & avantage, dont ils dresseront leurs procez Verbaux qu'ils feront signer par le Maistre ou le Lieutenant, nostre Procureur, le Garde-marteau & les Sergens à Garde, une expedition desquels sera delivrée à l'Arpenteur pour luy servir de regle, à laquelle il sera tenu de se conformer, à peine d'interdiction, Et une autre sera mise au Greffe de la Maistrise ; & quinze jours apres son retour dans la principale Ville de son departement, il mettra vn Estat general de toutes les assiettes au Greffe de la Table-de-Marbre pour y avoir recours.

V.

CHACUNE année le Grand-Maistre expediera ses Mandemens & Ordonnances pour les assiettes des ventes ordinaires de nos Bois & Forests, conformement aux Reglemens arrestez en nostre Conseil, où il employera le nombre d'arpens & l'essence du Bois à vendre, dans lequel il designera par le détail les gardes & triages autant qu'il luy sera possible, suivant les observations qu'il aura faites dans le procez Verbal de sa visite, qu'il envoyera aux Officiers de la Maistrise, avant le premier Juin de chacune année, qui seront tenus incontinent apres de s'assembler & prendre jour entre eux, pour faire les assiettes qui seront faites en leur presence par l'Arpenteur.

VI.

L'ARPENTEUR fera en presence du Sergent de la Garde les tranchées & layes necessaires pour le mesurage, marquera de son Marteau le plus pres de terre que faire se pourra dans les angles, tel nombre de pieds corniers, arbres de liziere & parois qu'il estimera convenable, avec designation du costé sur lequel il aura fait des faces pour imprimer son marteau, le nostre & celuy du Grand-Maistre ; fera mention s'il a emprunté quelques arbres pour servir de pieds corniers, de leur âge, qualité, nature & grosseur, & de leur distance des uns aux autres par perches & pieds : comme aussi observera les noms des ventes, où il les aura prises, s'il y a des places vuides, avec leurs contenences, & sera tenu de se servir au moins de l'un des pieds corniers de l'ancienne vente ; dressera les plans & figures de la piece qu'il aura assise. Et de tout sera son procez

Verbal qui ſera ſigné des Sergens & Gardes, & en mettra une expedition au Greffe de la Maiſtriſe, trois jours apres l'avoir fait, qui ſera paraphée du Maiſtre, & de noſtre Procureur, auec mention du jour qu'elle aura eſté apportée, & une autre expedition en ſera par luy inceſſamment envoyée au Grand-Maiſtre.

VII.

DEFFENDONS aux Arpenteurs & Sergens à garde de faire les routes plus larges de trois pieds pour paſſer les porte perches & les Marchands qui iront viſiter les ventes, à peine de cent livres d'amende, & de la reſtitution du double de la valeur du Bois abattu.

VIII.

LES Bois abattus dans les layes & tranchées ne pourront eſtre enlevez, mais demeureront au profit de l'adjudicataire & luy appartiendront, ſans que les Arpenteurs ny les Sergens y puiſſent pretendre aucune part, leur faiſant deffenses de les enlever, à peine de cent livres d'amende & d'interdiction, & aux Riverains, ſous quelque pretexte que ce ſoit, à peine de punition exemplaire.

IX.

LES Arbres de liziere & de paroy seront marquez de noſtre marteau & de celuy de l'Arpenteur ſur une face, à la difference des pieds corniers qu'ils feront ſur chaque face qui regardera la vente.

X.

NE pourront les Arpenteurs meſurer plus grande ny moindre quantité dans chacun triage que celle qui leur aura eſté preſcrite par le Grand-Maiſtre pour l'aſſiette, ſous pretexte de rendre la figure plus reguliere, ou pour quelque autre conſideration que ce puiſſe eſtre, en ſorte que le plus ou le moins ne puiſſe exceder un arpent ſur vingt : & ainſi à proportion, à peine d'interdiction & d'amende arbitraire, qui ſera reglée par le Grand-Maiſtre ; Et s'il tomboit juſques à trois fois dans cette erreur, il ſera interdit & declaré incapable de faire la fonction d'Arpenteur.

XI.

LE procez Verbal de l'Arpenteur eſtant au Greffe, il en ſera delivré autant au Garde-marteau pour le martellage qui ſe fera en la preſence des Officiers de la Maiſtriſe : & ſera à cét effet, noſtre marteau delivré au Garde-marteau par ceux qui en auront la clef, qui ſe transportera avec les Officiers aux triages où les ventes auront eſté aſſiſes : & par leur avis il fera choix de dix arbres en chacun arpent de fuſtaye ou haut recrû, des plus vifs & de la plus belle venuë de cheſne, s'il ſe peut, brin de bois & de groſſeur competante, qu'il marquera pour ballivaux de noſtre marteau, avec les pieds corniers, tournans & arbres de liziere ; & incontinent apres le martellage, ſera le marteau remis & enfermé dans la boiſte.

XII.

Lors que les adjudications des coupes de nos bois-taillis seront faites, tous les Balliveaux anciens & modernes qui s'y trouveront, seront reservez avec ceux de l'âge ; Et s'il se trouvoit que les balliveaux pour leur quantité & grosseur empêchassent, par l'ombrage ou autrement, le taillis de pousser & de croistre, les Grands-Maistres en dresseront leurs procez Verbaux qu'ils envoyeront avec leurs avis, en nostre Conseil és mains du Controlleur general de nos Finances, pour y estre par nous pourveu ainsi qu'il appartiendra.

XIII.

Ne sera donné aucun Bois par forme de remplage, sous pretexte de places vuides & de chemins qui se seront rencontrez dans les ventes ; mais l'adjudication en sera faite en l'estat qu'elles se trouveront, à peine de restitution du quatruple contre les Marchands qui auront obtenu le remplage : & de trois mil livres d'amende, avec privation de charge contre les Officiers qui l'auront donné.

XIV.

Les Ventes ne pourront estre changées en tout ou en partie, sous quelque pretexte que ce soit, apres l'adjudication, sur peine de punition exemplaire contre les Officiers & perte de leurs charges, & de restitution du quatruple du prix des ventes changées & d'amende contre les Marchands, sans que cette peine puisse estre moderée sous quelque pretexte que ce soit.

XV.

Revoquons les droits de Cire & de Greffe, mais les ventes de nos Bois seront faites à l'avenir, à la charge de payer seulement le sol pour livre par les Adjudicataires du prix principal de leur adjudication, és mains du Receveur des Bois, s'il y en a, ou du Domaine, pour sur la somme à laquelle il reviendra, estre les Officiers des Maistrises & Gruries payez de leurs droits, journées & taxations, suivant les estats qui en seront arrestez par les Grands-Maistres, sur lesquels & les quittances des Officiers les sommes y contenuës seront passées & allouées en la dépense des comptes des Receveurs.

XVI.

Si le fonds du sol pour livre n'est suffisant, le Grand-Maistre pourra prendre le supplément sur le fonds des ventes, sans que les Officiers puissent recevoir aucune chose que par les mains des Receveurs, à peine de restitution du quatruple & d'interdiction de leurs Charges.

XVII.

Les jours pour les adjudications des ventes ayant esté indiquez par les Grands-Maistres aux Officiers des Maistrises, ils en feront faire les publications, & nostre Procureur sera tenu d'envoyer incessamment des billets proclamatoires aux lieux ordinaires, contenans le nombre d'arpens, la situation, la qualité, les reserves, le jour, le lieu, l'heure, & pardevant qui les ventes se feront.

XVIII.

XVIII.

Le jour suivant de chacune publication, les Huissiers & Sergens qui auront vacqué à faire les publications & affiches, seront tenus d'en rapporter à nostre Procureur les procez Verbaux signez d'eux & de leurs records, avec les certificats des Curez ou Vicaires des Paroisses, pour estre representez & affirmez veritables avant l'adjudication des ventes, pardevant le Grand-Maistre ou le Commissaire qui sera preposé pour les faire; & seront tenus les Curez ou Vicaires de delivrer gratuitement leurs certifications, à peine de cent livres d'amende payable par saisie de leur temporel.

XIX.

Il y aura au moins huitaine franche entre la derniere publication & l'adjudication.

XX.

Seront toutes personnes receuës à mettre leurs encheres, si toutesfois un encherisseur estoit notoirement insolvable, les Receveurs de nos Bois ou du Domaine pourront luy demander les noms de ses cautions, & s'il n'en a point, à l'audience le Receveur en donnera avis au Grand-Maistre pour y pourvoir ainsi qu'il avisera bon estre.

XXI.

Ne pourront à l'avenir aucuns Ecclesiastiques, Gentils-hommes, Gouverneurs des Villes & Places, Capitaines des Chasteaux & Maisons Royales, leurs Lieutenans & Officiers, Magistrats de Police & de Finance faisans fonctions de Juges ou de nos Procureurs dans nos Justices, se rendre adjudicataires directement ou par association, des ventes qui se feront de nos Bois, pour le tout ou partie, ny en prendre des retrocessions, ou se rendre pleiges & cautions des adjudicataires, sous leur nom, ou sous celuy d'aucunes personnes interposées, à peine de confiscation des ventes ou du prix pour lequel elles auront esté faites, & d'estre décheus de leurs privileges, declarez roturiers & imposez à la Taille, & de privation de Charges contre nos Officiers qui auront fait ou consenty l'adjudication ou souffert l'exploitation, mesmes de plus grandes peines, s'il y échet.

XXII.

Deffendons pareillement aux Officiers de nos Forests & Chasses, tant ceux des Maistrises où se feront les ventes, que tous autres de quelque departement qu'ils soient, sans distinction & à leurs enfans, gendres, freres, beaux-freres, oncles, neveux & cousins germains, de prendre part aux adjudications, soit comme parties principales, associez, pleiges ou cautions, à peine contre les Officiers adjudicataires de confiscation des ventes, & privation de leurs Charges, d'amende arbitraire & d'estre bannis du ressor de la Maistrise où ils feront leur residence: & contre leurs parens & alliez de pareille peine de confiscation & d'amende arbitraire.

XXIII.

Les Marchands adjudicataires ny autres particuliers de quelque qualité que ce soit, ne pourront faire aucunes associations secrettes, ny empêcher par voyes indirectes les encheres sur nos Bois : & où ils se trouveroient convaincus de monopole ou complot concerté entr'eux par paroles ou par écrit de ne point encherir les uns sur les autres. VOULONS qu'outre la confiscation des ventes ils soient condamnez à une amende arbitraire qui ne pourra estre au dessous de mil livres, & bannis des Forests.

XXIV.

L'ADJUDICATAIRE ne pourra avoir plus de trois associez, lesquels il sera tenu de nommer au Greffe de la Maistrise dans la huitaine de l'adjudication : ensemble y mettre une expedition du traitté de leur association, & d'y faire luy & ses associez leur soûmission de saitsfaire à toutes les charges de l'adjudication, à peine de mil livres d'amende contre luy, & de décheance de la societé contre les associez.

XXV.

IL sera libre aux Marchands de renoncer à leurs encheres au Greffe de la Maistrise dans le lendemain midy du jour de l'adjudication, en le faisant signifier dans cêt intervalle au precedent encherisseur, au domicile par luy eleu, & au Receveur auquel ils payeront comptant leurs folles encheres.

XXVI.

AU cas qu'il y ait revocation d'encheres, les precedens encherisseurs seront graduellement & successivement subrogez aux lieux & places de ceux qui auront revoqué leurs encheres ; & toutes personnes qui encheriront, seront tenuës d'élire domicile au lieu où les adjudications seront faites, tant pour la validité des actes qui doivent suivre l'adjudication, que pour l'execution de leurs encheres, revocations & adjudications, tiercemens & demis-tiercemens, & de tous autres actes qu'il sera necessaire de faire ; Et à faute d'en élire, les assignations leur seront faites au Greffe de la Maistrise, qui seront reputées valables.

XXVII.

SI le Marchand adjudicataire se desistoit de son enchere & renonçoit à la vente, il sera arresté jusques à ce qu'il ait payé ou donné bonne caution de sa folle enchere, & la vente retournera au precedant encherisseur, & successivement de l'un à l'autre, ainsi qu'il a esté cy-devant prescrit.

XXVIII.

LES adjudications seront signées sur le champ par le Marchand, Grand-Maistre, ou celuy qui aura fait l'adjudication : ensemble par le Maistre particulier, nostre Procureur & les autres Officiers des Maistrises, sur le Registre du Greffier, immediatement au bas de l'acte, & sans qu'il soit laissé aucun blanc entre la fin du texte de l'adjudication & les signatures, & seront chacun des feüillets sur lesquels seront employées les receptions d'encheres & adjudications, paraphez par le grand Maistre.

XXIX.

LES Marchands adjudicataires seront tenus dans la huitaine du jour de l'adjudication, avant commencer l'usance des ventes, de donner bonne & suffisante caution & certificateur, qui seront receus par le Receveur, & à son refus par le Maistre & nostre Procureur, lesquels s'obligeront solidairement de payer és mains du Receveur de nos Bois, s'il y en a, ou du Domaine, le prix principal en deux payemens égaux qui seront faits dans les temps portez par le cahier des charges, & outre de satisfaire aux autres charges, clauses & conditions y mentionnées.

XXX.

Le Receveur sera tenu la huitaine passée, de faire signifier incessamment, & dans le jour à celuy qui estoit le penultieme encherisseur, qu'il est substitué au lieu & place de l'adjudicataire qui aura manqué de donner caution, & que de ce moment l'adjudication est à sa charge.

XXXI.

Toutes personnes non prohibées pourront encherir, tiercer & doubler les ventes pour tous les triages en general, ou chacun en particulier, ainsi qu'ils auront esté adjugez, dans le lendemain midy du jour de l'adjudication, apres lequel temps il n'y aura plus lieu au tiercement & doublement, sous quelque pretexte & pour quelque consideration que ce puisse estre.

XXXII.

Les tiercemens & doublemens seront faits au Greffe dans le temps cy-dessus prefiny, & signifiez le mesme jour aux Marchands adjudicataires & Receveurs en parlant à leurs personnes ou domiciles, s'il en a esté eleu, sinon, au Greffe de la Maistrise, par exploit qui contiendra ponctuellement, l'heure en laquelle il aura esté donné & le nom de ceux à qui les Sergens auront parlé, à peine de nullité de l'exploit.

XXXIII.

Le tiercement est une enchere qui augmente du tiers le prix de la vente & fait le quart sur le total; & le demy-tiercement une autre enchere sur le tiercement qui est de la moitié du tiers; En sorte que si le prix de l'adjudication est de quinze cens livres, le tiercement sera de cinq cens livres, & le demy-tiercement de deux cens cinquante livres.

XXXIV.

Enjoignons aux Greffiers de marquer le jour & l'heure precise dans les actes qu'ils dresseront & délivreront sur les adjudications, tiercemens & doublemens, à peine de trois cens livres d'amende, & de tous dépens, dommages & interests pour la premiere fois: & pour la seconde de pareille peine & de privation de leurs Charges.

XXXV.

Le demy-tiercement ne sera receu que sur le tiercement; mais on pourra d'une seule enchere faire le tiercement & demy-tiercement, ce qui s'appelle doublement: lequel estant signifié en la forme cy-dessus prescrite à l'adjudicataire, il sera receu à y mettre une simple enchere, &

sur cette enchere l'adjudicataire, & le tierceur & doubleur seront receus à encherir l'un sur l'autre entre eux seulement, & la vente demeurrea au dernier encherisseur, sans plus revenir : ce qui sera fait pardevant le Grand-Maistre ou le Commissaire qui aura fait l'adjudication, s'ils sont sur les lieux, sinon pardevant les Officiers de la Maistrise.

XXXVI.

Apres que les Marchands auront fourny leurs cautions & certificateurs, le Receveur leur donnera ses certificats pour les presenter & faire registrer au Greffe sans frais, dont une expedition sera mise és mains des Gardes-Marteaux ausquels & aux Officiers, Nous deffendons de souffrir qu'aucunes coupes soient commnencées, qu'ils n'ayent veu & fait registrer le certificat du Receveur, à peine d'en répondre en leurs propres & privez noms.

XXXVII.

L'Adjudicataire des Bois de fustaye dans nos Forests dans lesquelles ils s'employent en ouvrages, sera tenu d'avoir un marteau dont il mettra l'emprainte au Greffe, pour marquer le Bois qu'il vendra en pied, sans qu'il puisse en debiter de cette qualité, qu'ils n'ayent cette marque ; & d'avoir luy, ses Facteurs ou Gardes-ventes, un Registre dans lequel seront écrits les noms, surnoms & domiciles de ceux ausquels ils vendront du Bois, la quantité, & le prix, à peine de cent livres d'amende & de confiscation ; sans que plusieurs associez puissent avoir plus d'un marteau ny marquer d'autres Bois que ceux de leurs ventes, à peine d'estre punis comme faussaires.

XXXVIII.

Si neantmoins un Marchand avoit plusieurs ventes, & que pour la distance des lieux il fût obligé d'y tenir differens Registres, en ce cas il pourra avoir autant de Marteaux que de Registres & de mesme marque, pourveu qu'il en ait fait faire procez verbal & empraínte, comme il est dit cy-dessus.

XXXIX.

Les Facteurs & Gardes-ventes establis par les Marchands pour l'usance & debit de leurs ventes, presteront le Serment entre les mains du Grand-Maistre, du Maistre particulier ou du Lieutenant, sans aucuns frais ny droits ; feront leur rapport des delits qui seront commis à la réponse de leurs ventes, qu'ils feront signer par deux témoins, ou attester, en cas qu'ils ne puissent signer, pardevant l'un des Juges de la Maistrise, à peine de nullité ; Et si le delit est fait de nuit, à feu, ou à scie, le procez Verbal du Facteur fera foy, apres l'avoir attesté veritable par serment, lesquels procez Verbaux ils mettront au Greffe & en retireront le certificat du Greffier, pour le plus tard trois jours aprés que les delits auront esté commis, & en ce faisant les Marchands en demeureront dechargez, & les delinquans condamnez en l'amende au pied le tour, ainsi que des autres delits, par les Officiers de la Maistrise, à la diligence de nostre Procureur, dans huitaine du jour du rapport, à peine d'en répondre en leurs noms.

XL.

XL.

Les Bois tant de fustaye que taillis seront coupez & abbatus dans le quinziéme d'Avril, & le temps des vuidanges reglé par les Grand-Maistres, suivant la possibilité des Forests, à peine d'amende arbitraire, & de confiscation des marchandises contre les Adjudicataires, sans que les Officiers puissent accorder aucune prorogation pour coupes & vuidanges, sous pareille peine d'amende arbitraire, & privation de leurs Charges.

XLI.

Si toutesfois les Marchands estoient obligez par de justes considerations de demander quelque prorogation de delay, pour couper & vuider les ventes, ils se pourvoiront en nostre Conseil, pour, au rapport du Controlleur general de nos Finances, leur estre par nous pourveu de ce qu'il appartiendra sur les advis des Grands-Maistres.

XLII.

Les Fustayes seront coupées le plus bas que faire se pourra, & les Taillis abatus à la coignée, à fleur-de-terre, sans les excuisser ny éclatter, en sorte que les brins des cepées n'excedent la superficie de la terre, s'il est possible, & que tous les anciens nœuds recouverts, & causez par les precedentes coupes, ne paroissent aucunement.

XLIII.

Les arbres seront abatus, en sorte qu'ils tombent dans les ventes, sans endommager les arbres retenus, à peine de nos dommages & interests contre le Marchand; & s'il arrivoit que les arbres abatus demeurassent encroüez, les Marchands ne pourront faire abatre l'arbre sur lequel celuy qui sera tombé, se trouvera encroüé, sans la permission du Grand-Maistre, ou des Officiers, apres avoir pourveu à nostre indemnité.

XLIV.

Les Bois de cepées ne seront abatus & coupez à la serpe ou à la scie; mais seulement à la cognée, à peine contre les Marchands qui les exploiteront, de cent livres d'amende, & de confiscation de leurs marchandises, & outils des Ouvriers.

XLV.

Enjoignons aux Adjudicataires de faire couper, receper & ravaler le plus prés de terre que faire se pourra, toutes les souches & estócs de bois pillez & rabougris estans dans les ventes, & aux Officiers d'y avoir l'œil & tenir la main, à peine de suspension de leurs Charges.

XLVI.

Si pendant l'usance des ventes aucuns des arbres reservez & marquez estoient arrachez ou abatus par les vents & orages, ou par autre accident, les Marchands ou leurs Facteurs les laisseront sur la place, & en donneront incessamment advis au Sergent à Garde, qui sera tenu d'en advertir le Garde-marteau, pour se transporter ensemble sur les lieux, afin d'en dresser leurs Procez Verbaux, qu'ils presenteront aussi-tost aux Officiers de la Maiſtriſe pour en marquer d'autres, le tout ſans frais.

XLVII.

Les temps des coupes des Bois & vuidanges déſignez par les adjudications eſtans expirez, s'il ſe trouve des Bois dans les ventes, ſur pied & abatus, ils ſeront confiſquez à noſtre profit, & le giſant inceſſamment tranſporté hors de la Foreſt.

XLVIII.

Ne pourront les Marchands adjudicataires retenir dans leurs ventes d'autres Bois que ceux qui en proviendront, à peine d'eſtre punis, comme s'ils avoient volé les Bois ainſi retirez contre noſtre prohibition.

XLIX.

Nul Marchand ou autre perſonne ne pourra faire travailler nuitamment, ny les jours de Feſtes, dans les ventes en coupe, ny y prendre & enlever du bois, ſur peine de cent livres d'amende.

L.

Avant que de faire exploiter les ventes, les Marchands pourront faire proceder au ſouchetage pardevant le Maiſtre particulier, en preſence du Garde-marteau & du Sergent à garde, par deux Experts, dont l'un ſera nommé par noſtre Procureur de la Maiſtriſe, & l'autre de leur part, dont il ſera dreſſé Procés Verbal, ſans frais ny droicts, à peine de concuſſion, à la reſerve des journées des Souchetaires qui ſeront taxées par le Maiſtre, & payées par le Sergent Collecteur des amendes, dans lequel Procés Verbal ſeront employées le nombre de Souches qui auront eſté trouvées, leur qualité & groſſeur, & demeurera au Greffe de la Maiſtriſe, pour y avoir recours, & s'en ſervir lors du recollement.

LI.

Les Marchands demeureront reſponſables de tous les delits qui ſe feront à l'oüie de la coignée aux environs de leurs ventes, eſtimez pour les Bois de cinquante ans, & au deſſus à cinquante perches & à vingt-cinq perches pour ceux depuis cinquante ans & au deſſous, ſi les Marchands ou leurs Facteurs n'en font leur rapport.

LII.

Le tranſport, paſſage, voiture, ou flottage des bois, tant par terre que par eau, ne pourra eſtre empeſché ou arreſté, ſous quelque pretexte de droit de Travers, Peages, Pontonnages, ou autres, par quelque Particulier que ce ſoit, à peine de répondre de tous les dépens, dommages, & intereſts des Marchands, ſauf à ceux qui pretendent avoir Titre pour lever aucuns droits, de ſe pourvoir pardevant le Grand-Maiſtre qui y pourvoira, ainſi qu'il appartiendra.

Recollemens.

ARTICLE PREMIER.

LEs Recollemens de toutes les ventes se feront au plus tard, six semaines apres les temps de vuidanges expirez, par les Maistres Particuliers, en presence de nostre Procureur, du Garde-Marteau, Greffier, Sergent de la Garde, Arpenteur & Soucheteur qui auront fait l'arpentage & souchetage, & du Lieutenant, si bon luy semble, & sans qu'il puisse prendre aucuns droits, qu'en l'absence du Maistre, & à cét effet seront les Marchands adjudicataires mandez huit jours auparavant pour convenir du jour, & d'autres Arpenteurs & Soucheteurs, pour faire nouvel arpentage & souchetage des ventes.

II.

LORS que les Arpenteurs & Soucheteurs, tant les premiers que ceux qui auront esté nommez à l'effet du Recollement, seront arrivez sur les lieux, les Procés Verbaux d'assiette, arpentage, ballivage & souchetage, qui auront esté faites pour l'adjudication des ventes, seront representez, & reconnoistront les arbres reservez par les Procés Verbaux & par les adjudications; Et pour cét effet les Officiers visiteront exactement les ventes de bout en bout en toutes leurs parties, les pieds corniers, parois, lizieres, & balliveaux, afin de connoistre si elles auront esté bien couppées, usées, vuidées, & nettoyées, dont ils dresseront leurs Procés Verbaux, contenans le detail des entreprises, malversations, deffauts & manquemens qu'ils auront reconnus, & ce qui manquera des arbres retenus & reservez par les Procés Verbaux de Martellage & Ballivage.

III.

NOSTRE Procureur en la Maistrise nommera de sa part un Arpenteur & Soucheteur, & le Marchand aussi un Arpenteur & Soucheteur de la sienne; mais si le Marchand faisoit difficulté, ou estoit refusant d'en convenir, il sera passé outre par l'Arpenteur & Soucheteur nommé par nostre Procureur, & le rapport reputé contradictoire.

IV.

LE Souchetage sera fait aux environs, & dans la response des ventes, en presence des Marchands, s'ils y veulent assister, & de nostre Procureur, du Garde-Marteau & Sergent à Garde, qui dresseront leurs Procés Verbaux, contenant le détail des Souches qu'ils auront trouvées, des delits qui se feront commis pendant l'exploitation arbre par arbre, avec mention de leur qualité, nature, essence & grosseur; leur deffendant d'en obmettre, à peine contre les Soucheteurs du quatruple de la valeur des delits qu'ils n'auront pas rapportez dans leurs Procés Verbaux, lesquels ils feront tenus de mettre au Greffe vingt-quatre heures apres les avoir faits.

V.

Les Procés Verbaux du second fouchetage, feront repetez & confrontez fur ceux du premier, & la difference qui fe trouvera des uns aux autres, remarquée par le menu & en detail, auquel effet feront reprefentez tous les Procés Verbaux de décharge qui auront efté faits pour les Marchands & leurs Facteurs, & obfervé les deffauts & malverfations qui fe trouveront avoir efté commifes pendant l'ufance & exploitation de leurs ventes, dont ils n'auront efté valablement déchargez.

VI.

Le Procés Verbal de rearpentage contiendra precifément la quantité d'arpens & de perches que les Arpenteurs auront trouvée en la vente rearpentée : & s'il fe trouve quelque entreprife ou outrepaffe au delà des pieds corniers, ils la mefureront, en feront la defcription exacte, & la diftingueront dans la figure qui fera par eux dreffée.

VII.

Apres que noftre Procureur en la Maiftrife aura pris communication des Procés Verbaux faits par les Officiers, Arpenteurs, & Soucheteurs, il donnera fes Conclufions par écrit fur ce qui en refultera, & les fera fignifier aux Marchands, qui feront tenus d'y répondre auffi par écrit dans trois jours, & le tout mis au Greffe, & jugé à la premiere Audience par le Maiftre particulier, avec le Lieutenant & le Garde-marteau, fans que pour le congé de Cour, les Officiers puiffent prendre aucunes efpices ny autres droits que ceux qui leur feront taxez par le Grand-Maiftre, à prendre fur le fol pour livre, à peine de concuffion.

VIII.

Si par les Procés Verbaux de rearpentage, il fe trouve de la furmefure entre les pieds-corniers, le Marchand fera condamné de la payer à proportion du prix principal & des charges de fa vente : & s'il s'en trouve moins, ce qui defaudra, luy fera rabatu à proportion fur le prix de fon adjudication, ou rembourfé en argent fur les ventes de l'année fuivante, fans qu'il foit permis de donner recompenfe en bois, ny de faire compenfation en efpece de furmefure avec le manque de mefure.

IX.

S'il fe rencontre quelque outrepaffe ou entreprife au delà des pieds corniers, le Marchand fera condamné de payer le quatruple, à raifon du prix principal de fon adjudication, au cas que les Bois où elle eft faite, foient de mefme effence que celuy de la vente : & s'ils eftoient de meilleure nature, qualité & plus aagez, il fera tenu en payer l'amende, & reftitution au pied le tour.

X.

L'Adjudicataire qui ne reprefentera point les Baillivεaux, arbres de liziere, parois, tournans, & pieds corniers laiffez à fa garde, fera ſera tenu de les payer, ainſi qu'il eſt dit au Chapitre des amendes.

X I.

Tous Marchands adjudicataires ſeront tenus à la fin de l'exploitation de leurs ventes, de rapporter les marteaux dont ils ſe ſont ſervis pour eſtre rompus.

X I I.

Si par le jugement qui interviendra, le congé de Cour eſtoit accordé aux Marchands, noſtre Procureur en fera inceſſamment delivrer autant au Garde-marteau, afin qu'il faſſe remettre la vente en la garde du Sergent; & au cas qu'il n'y ait qu'une amende ou peine pecuniaire, il ſera tenu d'en faire delivrer des expeditions à ceux qui ſont chargez du recouvrement de nos deniers; & ſi le jugement portoit quelque condamnation contre les Marchands ou autres, il ſera tenu d'en pourſuivre l'execution, ſur peine d'en répondre en ſon nom.

Vente des Chablis & Menus-marchez.

ARTICLE PREMIER.

S'il ſe trouve quelques arbres qui ayent eſté abatus, arrachez ou rompus par l'impetuoſité des vents, ou par quelques autres accidens, le Sergent à garde dreſſera Procés Verbal ſur ſon Regiſtre, de leur qualité, nature, & groſſeur, & du lieu où il les aura trouvez, & obſervera ſi en tombant ils en ont rompu ou touché d'autres par leurs cheutes, duquel il ſera tenu de mettre une expedition ſous ſon ſeing au Greffe de la Maiſtriſe trois jours apres, dont il retirera decharge du Greffier, à peine de cinquante livres d'amende.

I I.

Le Garde-marteau & le Sergent à garde veilleront à la conſervation des Bois chablis, & empeſcheront qu'ils ne ſoient pris, enlevez, ou ébranlez par les Uſagers & autres, ſous pretexte de Couſtume & Uſage quel qu'il puiſſe eſtre, & en cas qu'il s'en rencontre de coupez par troncs ou ébranchez, ils en feront leur rapport de meſme que s'ils avoient eſté abatus ſur pied, & les Officiers les condamneront au pied le tour, à peine d'amende arbitraire, & d'en répondre en leurs noms.

I I I.

Aussi-tost que les Officiers auront eſté advertis, ils ſe tranſporteront ſur les lieux accompagnez du Garde-marteau & du Sergent avec ſon Procés-Verbal, pour voir les arbres chablis, & reconnoiſtre ſi le rapport du Sergent eſt fidelle, leſquels ſeront marquez de noſtre marteau, à peine d'amende arbitraire, & d'en répondre en leurs privez noms.

I V.

Les arbres chablis ne pourront eſtre reſervez ny façonnez, ſous pretexte de les amenager ou debiter en autre temps pour noſtre profit; mais seront vendus incessamment en l'estat qu'ils se trouveront, & l'adjudication faite en l'Auditoire de la Justice des Eaux & Forests par le Grand-Maistre, ou par les Officiers de la Maistrise, à l'extinction des feux, apres deux publications faites à l'Audience ou marché du lieu, & aux Prosnes des Messes par les Curez de la Parroisse du siege de la Maistrise, & des Villes & Villages des environs de la Forest, & pour cét effet billets proclamatoires seront envoyez & affiches mises; ainsi qu'il a esté prescrit pour les ventes ordinaires; & le temps de vuidange ne sera que d'un mois pour le plus, à peine de nullité & de confiscation des Bois vendus.

V.

DEFFENDONS au Garde-marteau de marquer, & aux Officiers de vendre aucuns arbres en estant, sous pretexte qu'ils avoient esté fourchez ou ébranchez par la cheute des chablis; mais Voulons qu'ils soient conservez, à peine d'amende arbitraire.

VI.

INCONTINENT apres la vente des Chablis, & l'adjudication des Menus-marchez, il en sera dressé un estat pour estre delivré dans la huitaine par le Greffier, au Receveur des Bois, s'il y en a, ou du Domaine, qui en doit faire la recepte.

VII.

LES vacations des Officiers & du Greffier, tant pour la reconnoissance & martellage, que pour l'adjudication des Chablis & Arbres de delit, seront taxez par les Grands-Maistres, lorsqu'ils seront sur les lieux, selon le travail & à proportion du temps, à prendre sur les amendes & deniers, dont le Sergent Collecteur fait le recouvrement, auquel effet ils leur representeront leur procés Verbaux, Ordonnances & autres Actes; & seront les deniers du prix des Bois chablis payez au Receveur, & par luy au Receveur general, & compris dans son estat de recouvrement, ainsi que le prix principal de nos Bois.

Des Ventes & Adiudications des Panages, Glandées & Paissons.

ARTICLE PREMIER.

LORS qu'il y aura suffisamment de glands & de feines, pour faire ventes de glands sans incommoder les Forests, le Maistre particulier ou le Lieutenant, & nostre Procureur, visiteront la Glandée en la presence du Garde-marteau & des Sergens à garde, dresseront Procés Verbal du nombre des Porcs qui pourront estre mis en Panage dans les Forests de la Maistrise, avec un estat du nombre qui y sera mis par les Usagers & Officiers; & leur sera fait taxe de leurs salaires par le Grand-Maistre estant sur les lieux, dont ils seront payez sur les deniers provenans des amendes

& autres deniers, dont le Sergent Collecteur fait le recouvrement sur leurs simples quittances, rapportant lesquelles avec les Ordonnances, les sommes serons alloüées par tout où il appartiendra.

II.

L'ADJUDICATION se fera à l'Audience avant le quinziéme Septembre, à l'extinction des feux, au plus haut & dernier encherisseur, apres publications, ainsi qu'il est dit pour les chablis, avec charge expresse de payer le prix és mains du Receveur aux termes y contenus, de bailler caution, & de souffrir par l'adjudicataire la quantité de Porcs qui aura esté reglée, tant pour les Usagers qu'Officiers.

III.

LA Glandée ne sera ouverte que depuis le premier Octobre, jusqu'au premier Fevrier, & ne pourront les Usagers, Officiers & Adjudicataires, y mettre leurs Porcs en plus grand nombre que celuy compris dans l'adjudication, & apres les avoir fait marquer au feu, & deposé au Greffe l'Original de la marque, sur peine de cent livres d'amende, & de confiscation de ce qui se trouvera exceder le nombre ou marqué de fausse marque.

IV.

DEFFENDONS à toutes personnes, autres que ceux employez dans l'estat, qui sera arresté en nostre Conseil, d'envoyer ou mettre leurs porcs en glandée dans nos Forests, s'ils n'en ont le pouvoir du Marchand adjudicataire, à peine de cent livres d'amende & de confiscation, moitié à nostre profit & l'autre moitié au profit du Marchand, & demeureront les proprietaires responsables de ceux qu'ils commettront pour la garde de leurs porcs.

Des Droicts de Pasturage & Panage.

ARTICLE PREMIER.

PERMETTONS aux Communautez, Habitans & Particuliers, Usagers denommez en l'estat arresté en nostre Conseil, d'exercer leurs droicts de panage & pasturage pour leurs porcs & bestes aumailles dans toutes nos Forests, Bois, Buissons, aux lieux qui auront esté declarez deffensables par les Grands-Maistres, faisant leurs visites, ou sur les advis des Officiers des Maistrises, & dans toutes les landes & bruieres dependantes de nos Domaines.

II.

LES Habitans Usagers donneront declaration du nombre de la quantité des bestiaux qu'ils possedent ou tiennent à loüage, dont sera fait rolle contenant le nom de ceux à qui ils appartiendront, lequel sera porté au siege de la Maistrise, pour estre transcrit en un Registre qui sera tenu au Greffe, & paraphé du Maistre & de nostre Procureur.

III.

Les Officiers assigneront à chacune Parroisse, Hameau, Village, ou Communauté Usagers, une contrée particuliere la plus commode qu'il se pourra, en laquelle, és lieux deffensables seulement, les bestiaux puissent estre menez & gardez separement, sans mélange de troupeaux d'autres lieux, le tout à peine de confiscation des bestiaux & d'amende arbitraire contre les Pastres, & de privation de leurs Charges contre les Officiers & Gardes qui permettront ou souffriront le contraire, & seront toutes les delivrances faites sans frais ny droits, à peine de concussion.

IV.

La Declaration des Contrées & de la liberté d'y envoyer en pasturage, sera publiée aux Prosnes des Messes des Parroisses usageres, l'un des Dimanches du mois de Février de chacune année, à la diligence de nostre Procureur, & sera le certificat du Curé ou du Sergent mis au Greffe de la Maistrise à sa diligence, & registré sur le Registre cy-dessus, sans frais, avec dessenses aux Usagers & tous autres d'envoyer paistre leurs bestiaux és autres lieux, à peine de confiscation & de privation de leurs usages.

V.

Les Coustumes, Franchises, Usages, Pasturages, & Panages, seront reduits aux Fiefs & Maisons usageres seulement, suivant les estats qui en ont esté faits par les Commissaires qui ont travaillé aux reformations, ou qui seront cy-apres dressez par les Grands-Maistres, aux Maistrises où il n'y a pas esté pourveu: Le nombre des Bestiaux sera pareillement reglé par les Grands-Maistres, eu égard à l'estat & possibilité des Forests.

VI.

Tous les Bestiaux appartenans aux usagers d'une mesme Parroisse ou Hameau ayant droit d'usage, seront marquez d'une mesme marque, dont l'emprainte sera mise au Greffe, avant que de les pouvoir envoyer au pasturage, & chacun jour assemblez en un lieu qui sera destiné pour chacun Bourg, Village, ou Hameau, en un seul troupeau, & conduits par un seul chemin qui sera designé par les Officiers de la Maistrise, le plus commode & le mieux deffendu, sans qu'il soit permis de changer & prendre une autre route allant & retournant, à peine de confiscation des Bestiaux, amende arbitraire contre les Proprietaires des Bestiaux, & de punition exemplaire contre les Pastres & Gardes.

VII.

Les Particuliers seront tenus de mettre au col de leurs Bestiaux des clochettes, dont le son puisse advertir des lieux où ils pourront s'échapper & faire degast, afin que les Pastres y courent, & que les Gardes se saisissent des Bestes écartées & trouvées en dommage, hors les Cantons designez, & publiez deffensables.

VIII.

VIII.

Ne sera loisible à aucun habitant de mener ses bestiaux à garde separée, ny les envoyer en la Forest par sa femme, enfans ou domestiques, à peine de dix livres d'amende pour la premiere fois, confiscation pour la seconde, & pour la troisiéme de privation de tout usage; Ce qui sera pareillement observé à l'égard des Seigneurs, Ecclesiastiques, Gentils-hommes, & autres personnes indistinctement, qui jouyront du droit comme habitans, nonobstant les droits de troupeau à part, & toutes Coustumes ou possession contraires.

IX.

Les Pastres & Gardes seront choisis & nommez annuellement, à la diligence des Procureurs d'office ou Syndics de chacune Paroisse ou principaux habitans des hameaux & villages, par les habitans assemblez en presence du Juge des lieux, qui en delivrera acte sans frais, ou du Notaire ou Tabellion, & demeurera la Communauté responsable de ceux qui seront choisis.

X.

Ne pourront les particuliers usagers prester leurs noms & maisons aux Marchands & habitans des villes & Paroisses voisines pour y retirer leurs bestiaux, & s'il s'y en trouvoit qui fussent ainsi retirez ou donnez frauduleusement par declaration, ils seront confisquez, & l'usager condamné pour la premiere fois en l'amende de cinquante livres, & en cas de recidive privé de tout usage.

XI.

Deffendons à tous particuliers d'envoyer leurs bestiaux en pasturage sous pretexte de baux & congez des Officiers, Receveurs ou Fermiers du domaine, mesme des Engagistes ou usufruitiers, à peine de confiscation des bestiaux trouvez en pasturage & de cent livres d'amende.

XII.

S'il y avoit de jeunes rejets en fustaye ou taillis le long des routes ou chemins où les bestiaux passeront pour aller és lieux destinez au pasturage, en sorte que le brout ne se pust seurement empescher, les Officiers tiendront la main à ce qu'il soit fait des fossez suffisamment larges & profonds pour leur conservation, ou les anciens relevez & entretenus aux frais & despens des Communautez usageres par contribution à proportion du nombre des bestes qu'elles envoyeront en pasturage.

XIII.

Deffendons pareillement aux habitans des Paroisses usageres & à toutes personnes ayans droit de pannage dans nos Forests & Bois, & en ceux des Ecclesiastiques, Communautez & particuliers d'y mener ou envoyer bestes à laine, chevres, brebis & moutons, ny mesme és landes & bruieres, places vaines & vagues aux rives des Bois & Forests, à peine de confiscation des bestiaux & de trois livres d'amende pour chacune beste, & seront les Bergers & Gardes de telles bestes condamnez en l'amende de dix livres pour la premiere fois, fustigez & bannis du ressort de la Maistrise en cas de recidive,

Et demeureront les Maistres proprietaires des bestiaux, & peres de famille responsables civilement des condamnations renduës contre les Bergers.

XIV.

Les habitans des maisons usagers jouyront du droit de pasturage & panage pour les bestiaux de leur nourriture seulement, & non pour ceux dont ils feront trafic & commerce, à peine d'amende & confiscation.

XV.

Le Maistre particulier ne pourra mettre plus de huit porcs à la Glandée, & le Lieutenant, nostre Procureur & Garde-marteau chacun six, le Greffier quatre, & le Sergent à garde trois, à peine de confiscation, le tout au cas qu'ils soient actuellement residens, & non autrement.

Des Chauffages & autres usages de Bois tant à bastir qu'à reparer.

ARTICLE PREMIER.

Revoquons & supprimons tous & chacuns les droits de Chauffages, dont nos Forests sont à present chargées, de quelque nature & condition qu'ils soient.

II.

Voulons neantmoins que ceux qui en possedent pour cause d'échanges, indemnitez, & qui justifieront d'une possession avant l'année 1660. ou autrement à titre onereux, soient dédommagez suivant l'evaluation qui en sera faite en nostre Conseil, & jusques à l'actuel remboursement, seront payez annuellement, sur le prix des ventes de la valeur de leurs Chauffages.

III.

Voulons aussi que les Chauffages attribuez aux Officiers de nos Eaux & Forests par Edits ou Declarations, en consequence de finance par eux payée, soient evaluez en nostre Conseil pour en estre remboursez ou payez annuellement de la valeur sur le prix des ventes, suivant l'estat qui en sera par nous arresté.

IV.

Les Communautez & particuliers qui jouyssoient du droit de Chauffage à cause de redevances & prestations en deniers, ou especes, services personnels de garde, corvées ou autres charges, en demeureront libres & déchargez en consequence de la presente revocation.

V.

Et à l'égard des Chauffages donnez & accordez par nous, nos predecesseurs, fondateurs & bienfacteurs pour causes de fondations & dotations faites aux Eglises, Chapitres, Abbayes, Monasteres, Hospitaux, Maladeries & autres Communautez Ecclesiastiques seculieres & regulieres, Voulons qu'ils leur soient conservez en espece suivant les Estats qui en ont esté ou seront cy apres arrestés en nostre Conseil, eu égard à la possibilité de nos Forests ; & où elles se trouveroient degradées & ruinées, en sorte qu'elles ne les peussent porter sans un notable prejudice & diminution de nos revenus, la valeur en sera liquidée en nostre Conseil sur les advis des Grands Maistres, & employée dans nos Estats pour estre payée en argent par chacun an sur le prix des ventes, sans diminution ny retranchement.

V I.

LES Religieux, Hospitaux & Communautez qui ont Chauffage par aumosne de nous ou de nos predecesseurs, n'en auroient à l'avenir aucune delivrance en espece, mais seulement en deniers, dont le fond sera fait dans nos Estats au chapitre des fiefs & aumosnes.

V I I.

SERA fait un estat general en nostre Conseil de tous les Chauffages en espece ou en argent, contenant le nom des usagers, le nombre & la qualité des Bois, & sur quelles Forests ils doivent estre fournis, dont seront envoyées des expeditions à la Chambre des Comptes & aux Grands Maistres qui feront mettre des Extraits aux Greffes des Maistrises particulieres, de ceux dont les Forests de leur dependance seront chargées, pour estre delivrez conformément à nos Estats & Ordonnances, sans qu'ils puissent estre augmentez, sur peine contre les Ordonnateurs de privation de leurs charges, & de restitution du quatruple contre ceux qui les auront receus.

V I I I.

SI aucuns des Officiers de nos Eaux & Forests estoient convaincus d'avoir receu ou exigé des Marchands, de leurs Facteurs & Commis, aucuns Bois sous pretexte de Chauffage, ou tel autre que ce soit, au prejudice de nos deffences, Ordonnons au Grand Maistre de les punir selon la rigueur de nos Ordonnances.

I X.

LES Officiers ne seront payez des sommes qui leur seront reglées par nos Estats au lieu de leur Chauffage, s'ils ne servent & font residence actuelle, pourquoy seront obligez d'apporter aux Receveurs les certificats & attestations des Grands Maistres.

X.

REVOQVONS en outre, esteignons & supprimons tous bois d'usages à bastir & reparer, pour quelque cause & sous quelque pretexte que la concession en ait esté faite, nonobstant toutes confirmations, lettres, titres & possessions, sauf s'il se trouvoit qu'ils eussent esté acquis ou concedez à titre de fondation, dotation, ou par une possession justifiée avant l'année 1560. ou autrement à titre onereux, de pourvoir à l'indemnité ou décharge des interessez ainsi que de raison.

X I.

NE sera fait à l'avenir aucun don ny attribution de Chauffage pour quelque cause que ce soit ; & si par importunité ou autrement, aucunes lettres ou brevets en avoient esté accordez & expediez, Deffendons à nos Cours de Parlement, Chambres des Comptes, Grands Maistres & Officiers d'y avoir égard.

Des Bois à bastir pour les Maisons Royales & Bastimens de Mer.

ARTICLE PREMIER.

NE sera fait aucune vente extraordinaire par arpens ny par pieds d'arbres, pour constructions & reparations de nos Maisons Royales ou Bastimens de Mer. Mais pourra le Grand Maistre charger l'adjudicataire des ventes ordinaires de nos Forests de fournir le Bois necessaire pour ces ouvrages en luy payant le prix suivant l'estimation qui en sera faite par l'advis de gens à ce connoissans, sur le devis des Entrepreneurs ou Architectes, & conformément à l'Estat arresté par le Sur-Intendant de nos Bastimens, ou par le Controleur general de nos finances, expedié en bonne & deuë forme, lequel Estat sera inseré dans le cahier des charges, & mis au Greffe de la Maistrise.

II.

SI toutesfois on avoit besoin d'aucunes pieces de telle grosseur & longueur qu'elles ne se pussent trouver dans les ventes ordinaires, en ce cas le Grand Maistre sur les estats qui en seront arrestez en nostre Conseil, & Lettres Patentes deuëment verifiées, en pourra marquer & faire abatre dans nos Forests és lieux moins dommageables, & s'il n'y en trouvoit pas, les fera choisir & prendre dans les Bois de nos sujets tant Ecclesiastiques qu'autres, sans distinction de qualité, à la charge de payer la juste valeur qui sera estimée par Experts, dont nostre Procureur en la Maistrise & les parties conviendront pardevant le Grand Maistre, lequel au deffaut ou refus en nommera d'office.

III.

DEFFENDONS au Grand Maistre de proceder au martelage des Bois ainsi necessaires, hors les ventes ordinaires, qu'en vertu de Lettres Patentes expediées en conformité des Estats & advis du Sur-Intendant de nos Bastimens, ou Controlleur General de nos Finances, en execution desquelles & aprés l'enregistrement au Parlement & Chambre des Comptes du ressort de la Maistrise, il se transportera sur les lieux, fera procés verbal du nombre, situation, âge, tour & qualité des arbres choisis, & les marquera tant de nostre marteau que du sien, en presence des Officiers & de l'Entrepreneur des ouvrages, ou autre preposé pour la delivrance, signera le procés verbal avec tous les assistans, & le fera transcrire à l'instant sur le registre de la Maistrise, dont le Greffier delivrera gratuitement une expedition à ceux qui auront charge d'exploiter les Bois.

IV.

IV.

Les Arbres qui pourroient se trouver abatus & rompus par la cheute ou vuidange des pieces retenuës, seront pareillement marquez de nostre marteau & de celuy du Grand Maistre, lequel aprés avoir fait son procés verbal de leur âge, tour & qualité, mesme de leur valeur, au rapport d'Experts, en la mesme forme cy-dessus prescrite, les delivrera à l'Entrepreneur pour en faire estat à nostre profit & les enlever incessamment, sans souffrir qu'il soit commis aucun abus ny delit par les Ouvriers qu'il employera, dont il demeurera responsable.

V.

Les branchages, coupeaux & remanents des arbres ainsi retenus pour nos Bâtimens, & de ceux qui se trouveront abatus & rompus par leur cheute & passage, seront vendus au Siege de la Maistrise avec les formalitez prescrites pour la vente des chablis, & le prix payé au Receveur des Bois ou du Domaine sans que les Buscherons puissent les emporter ny en disposer sous pretexte de foüée ou autrement, à peine d'amende arbitraire & de restitution du double de la valeur, dont l'Entrepreneur sera pareillement responsable.

VI.

Ceux qui feront couper & ouvrer les Arbres cy-dessus exprimez, fourniront autant de la délivrance au Garde-marteau de la Maistrise, & au Sergent en la garde duquel ils auront esté marquez, pour faire mention, chacun sur son registre, de leur nombre, hauteur, grosseur & qualité, du temps qu'ils auront esté enlevez, & des noms de ceux qui les auront fait transporter.

VII.

S'il se marquoit plus de Bois qu'il n'en sera besoin, l'Entrepreneur ou celuy qui aura la conduite de l'ouvrage, aprés avoir pris le necessaire, fera & signera sur le Registre du Greffe de la Maistrise sa Declaration de ce qui en pourra rester, afin que la marque soit effacée dans trois jours au plus tard, de l'excedant qui seroit encore sur pied, & s'il estoit abatu, il sera vendu à nostre profit, & le prix payé à nostre Receveur pour en compter.

Des Eaux & Forests, Bois & Garennes tenus à titre de Doüaire, Concession, engagement & usufruit.

ARTICLE PREMIER.

Deffendons à toutes personnes, sans exception ny distinction de qualité, de s'immiscer en la jouyssance des Eaux, Bois, & Forests, de noftre Domaine, tenus à titre de Doüaire, Conceffion, engagement, ufufruit ou autrement, en telle maniere, fous tel titre & pretexte que ce foit, fi les Grands Maiftres, chacun en fon departement, n'ont auparavant vifité les lieux & fait procés verbal de l'eftat où ils fe trouvent, contenant en détail l'âge, nature & qualité des Bois, l'eftat, l'effence & le nombre des Balliveaux fur taillis, diftinctement par gardes ou triages, la confiftance & valeur des coupes ordinaires par eftimation & rapport des fix dernieres adjudications.

II.

VOULONS que le procés verbal contienne auffi l'eftat des Garennes, Rivieres, Eftangs, Forges, Fourneaux, Eclufes, Pertuis, Bondes, Vannages, Décharges & Chauffées, avec defcription des reparations qu'il y conviendroit faire à dire d'Experts, dont les Doüairiers, Donataires, Ufufruitiers & Engagiftes conviendront avec noftre Procureur des Eaux & Forefts pardevant le Grand Maiftre qui fera figner le tout par les Officiers de la Maiftrife & les parties intereffées ou leur Agent & Procureur fpecialement fondé pour eftre mis & enregiftré dans la quinzaine en fon Greffe & en celuy de la Maiftrife au reffort de laquelle les Eaux & Bois fe trouveront affis.

III.

NE pourront les Engagiftes joüyr à leur égard, de l'effet de leurs Contracts, & adjudications, que les Eaux, Bois & Garennes en dépendantes ne foient prealablement évalüées en la Chambre des Comptes en la prefence du Grand Maiftre, ou fur les advis & procés verbaux par luy fur ce faits, à peine de dix mille livres d'amende & de reünion des Eaux & Bois engagez à noftre Domaine.

IV.

AUSSI-TOST que le terme de la jouyffance expirera, nouvelles vifites, eftimations & reconnoiffances feront faites par le Grand Maiftre avec mefmes formalitez, les Engagiftes, Ufufruitiers, ou leurs heritiers prefens ou deuëment appellez, de l'eftat & confiftance de toutes les chofes contenuës au premier procés verbal, pour en cas qu'il fe trouve des degradations, deperiffemens ou changemens prejudiciables, obliger ceux qui ont poffedé, leurs fucceffeurs & ayans caufe, de remettre inceffamment tout en eftat & nous en indemnifer au pied du tour, conformément aux Ordonnances, en ce qui concerne les Bois, & pour le furplus à dire d'Expers qui feront convenus ou nommez d'Office.

V.

Les Doüairiers, Donataires, Usufruitiers & Engagistes ne pourront disposer d'aucune Fustaye, arbres anciens, modernes ou Balliveaux sur Taillis, mesme de l'âge du Bois, reservez és dernieres ventes, ny des Chablis, Arbres de delit, amendes, restitutions, confiscations en provenans, mais le tout demeurera entierement à nostre profit, & sera payé au Receveur de nos Domaines ou de nos Bois, és lieux où nous en avons estably, pour nous en compter ainsi que des autres deniers de leur charge, nonobstant toutes lettres verifiées, clauses, dons, Arrests, Contracts, adjudications, usages & possessions contraires.

VI.

Ne pourront aussi ny leurs Fermiers, Procureurs, Agens & Receveurs prendre ou faire couper aucuns arbres anciens, modernes ou balliveaux sur taillis, par arpent, ou par pied, pour entretien & reparation des Maisons, Moulins & Bâtimens dépendans du mesme Domaine, ou sous aucun autre pretexte, qu'en vertu de Lettres Patentes bien & deuëment registrées és Cours de Parlement & Chambre des Comptes du ressort, sur les advis & procés verbaux du Grand Maistre, à peine de privation, de l'amende & restitution au pied du tour contre les possesseurs, & de condamnation solidaire aux mesmes amendes & restitutions tant entre leurs Fermiers, Agens & Receveurs, que contre les Marchands & Entrepreneurs qui les avoient exploitez, & d'interdition contre les Officiers qui en feroient la délivrance, outre les mesmes amendes, restitutions, dommages & interests, sans moderation & sans recours.

VII.

Feront observer en l'usance des Eaux & Bois dont ils jouyssent dans nos Domaines, les mesmes conditions & reserves, qui se doivent observer en l'usance des Eaux & Bois que nous possedons; Et seront les ventes & adjudications faites par nos Officiers des Eaux & Forests avec les formalitez prescrites par la presente Ordonnance, sans qu'aucun Fermier ou Marchand puisse s'immiscer qu'en vertu des assiettes, martellages, & délivrances ainsi faites par nos Officiers, à peine de trois mil livres d'amende contre chacun contrevenant & de confiscation des ventes.

VIII.

Nos Grands Maistres & Officiers des Maistrises particulieres auront la mesme connoissance & jurisdiction sur les Eaux & Forests des Ecclesiastiques, Commandeurs de S. Jean de Jerusalem, Administrateurs, Communautez & Gens de main-morte, assises dans l'estenduë de nos Domaines engagez, concedez, ou tenus à quelque titre que ce soit, qu'ils ont & doivent avoir és Domaines dont nous jouyssons, sans que les Engagistes, Usufruitiers & Possesseurs, ou leurs Officiers puissent s'en entremettre sous aucun pretexte & danger, non plus qu'és Bois tenus en Grurie, Grairie, Tiers, & Danger s'ils ne font partie de leurs dons ou Contracts.

Des Bois en Grurie, Grairie, Tiers & Danger.

ARTICLE PREMIER.

EN tous les Bois sujets aux droits de Grurie, Grairie, Tiers & Danger la justice & tous les profits qui en procedent, nous appartiennent, ensemble la Chasse, Paisson & Glandée, privativement à tous autres, si ce n'étoit qu'à l'égard de la Paisson & Glandée il y eust titre au contraire.

II.

LES parts & portions que nous prenons lors de la coupe & usance des Bois sujets aux droits de Grurie & Grairie, seront levées & perceuës à nostre profit en espece ou argent, suivant l'ancien usage de chacune Maistrise où ils sont situez, sans qu'il soit rien changé ny innové à ce regard; Et ne pourront estre les Bois de cette qualité vendus que par le ministere de nos Officiers, & avec les mesmes formalitez que nos autres Bois & Forests.

III.

LE Tiers & Danger sera levé & payé selon la Coustume ancienne, qui est de distraire à nostre profit sur le total de la vente, soit en espece ou en deniers, à nostre choix le Tiers & le dixiéme, en sorte que si l'adjudication est de trente arpens pour une somme de trois cens livres, nous en ayons dix arpens pour le tiers de trente, & trois pour le dixiéme de la mesme quantité, qui feront treize arpens sur trente; Ou si nous le prenons en argent, cent livres pour le tiers de trois cens livres, & trente livres pour le dixiéme de la mesme somme de trois cens livres.

IV.

S'il se trouve quelques Bois dans nostre Province de Normandie, pour lesquels les particuliers ayent titre & possession de ne payer qu'une partie de ce droit à sçavoir le Tiers simplement, ou seulement le Danger qui est le dixiéme, VOULONS qu'il n'y soit rien innové à cét égard.

V.

LES Possesseurs des Bois sujets à Tiers & Danger pourront prendre par leurs mains pour leur usage, du Bois des neuf especes contenuës en l'article IX. de la Chartre Normande du Roy Louys X. de l'an 1315. qui sont Saulx, Morsaulx, Espines, Puisnes, Seur, Aulnes, Genests, Genevres & Ronces, & le Bois mort en cime & racine ou gisant.

VI.

VI.

Declarons le droict de Tiers & Danger dans les bois de nostre Province de Normandie, imprescriptible & inalienable, comme faisant partie de l'ancien domaine de nostre Couronne.

VII.

Tous Bois scituez en Normandie, hors ceux plantez à la main, & les morts-Bois, exceptez par la Chartre Normande, seront sujets à ce Droit, si les Possesseurs ne sont fondez en Titres authentiques & usages contraires.

VIII.

Les Droits de proprieté par indivis, avec autres Seigneurs, & ceux de Grurie, Grairie, Tiers & Danger, ne pourront estre donnez, vendus n'y alienez en tout ou partie, n'y même donnez à ferme pour telle cause & pretexte que ce soit, renouvelans en tant que besoin seroit, la prohibition contenuë à cét effet, au dixiéme Article de l'Ordonnance de Moulins, sans même qu'à l'avenir tels Droits puissent estre engagez ou affermez ; Mais leur produit ordinaire sera donné en recouvrement au Receveur des Bois ou du Domaine, dont ils compteront ainsi que des deniers provenans des ventes des nos Forests.

IX.

Les Grands Maistres & Officiers des Maistrises particulieres connoistront de tous delits, abus & malversations qui seront commises dans les Bois de cette qualité, non partagez, tant pour la Police, Vente & Conservation, que pour la Iustice & pour la Chasse.

X.

Les Ventes ordinaires seront faites par le Grand Maistre ou par les Officiers de la Maistrise, auec les mêmes formes qui se doivent observer pour l'Assiette, Martellage, Ballivage, Publications, Adjudications, Doublement, Tiercement & recollement de nos Bois; Et les extraordinaires par le Grand Maistre seulement, en vertu de nos Lettres Patentes deuëment registrées, à peine de restitution de privation de tous Droits contre les Possesseurs, amende Arbitraire, & confiscations des Ventes contre les Marchands.

XI.

Il sera procedé à la Vente des Chablis rompus ou arrachez en la maniere ordonnée pour nos Bois, à la charge de nous payer sur le prix, la même part qui nous appartient dans les Ventes ordinaires.

XII.

Toutes les Amendes & Confiscations qui seront adjugées pour ces Bois, nous appartiendront entierement, sans que les possesseurs y puissent rien pretendre; Mais ils auront la même part aux restitutions, dommages & interests qu'ils ont, Droict & Coustume d'avoir aux Ventes.

XIII.

Les reserves de Balliveaux dans les Taillis, & les mêmes peines, & condamnations prescrites pour nos Bois, seront faites & executées pour ceux tenus en Grurie, Grairie, Tiers & Danger; Enjoignons aux Officiers d'y tenir exactement la main : Et Voulons que leurs Droicts soient pour ce payez sur le prix total des Ventes, suivant la taxe qui en sera faite par le Grand Maistre.

XIV.

Sera fait un Registre paraphé du Maistre & de nostre Procureur, de toutes les Ventes, Adjudications & Recollemens, sur lequel tous les Officiers presens signeront avec les Possesseurs, ou leurs Procureurs, & les Marchands ou leurs Facteurs, s'ils sçavent signer.

XV.

Il y aura dans chacune Maistrise un ou plusieurs Sergens, selon le nombre & la distance des Bois tenus par indivis, & en Grurie, Grairie, Tiers & Danger, pour y faire la Garde & les Rapports des delits, abus, & malversations, ainsi que ceux preposez dans nos Forests.

XVI.

Ne pourront les Possesseurs prendre aucun arbre vif, sans la marque & délivrance du Grand-Maistre, lequel à l'instant en fera couper & vendre à nostre profit pour la valeur & la proportion de nos Droits.

XVII.

Lors qu'il se fera des Ventes ordinaires, les Possesseurs prendront leur chauffage sur leur part de la Vente; mais s'il n'y avoit pas de Vente ouverte, aucun chauffage ne pourra estre pris qu'en Bois mort ou mort-Bois des neuf especes.

XVIII.

Les Grands-Maistres visiteront chacune année tous les Bois de cette qualité, se feront representer les Registres tenus, & Iugemens donnez sur les delits & malversations, avec l'état des Ventes & Recollemens, & y feront la reformation, lors qu'elle sera par eux jugée necessaire.

XIX.

Les Maistres particuliers ou leurs Lieutenans, seront obligez d'y faire visite avec nos Procureurs, du moins une fois l'année, les Garde-Marteaux de six mois en six mois, & les Sergens sans discontinuation, dont ils feront procés Verbal, chacun à leur égard, & le mettront incessamment au Greffe de la Maistrise, le tout à peine de privation de leurs Charges, & de répondre en leurs noms des delits, abus & malversations.

XX.

Ordonnons que dans six mois du jour de la publication des

presentes, il sera fait Arpentage, Figure & Description de toutes les Forests, Bois & Buissons où Nous avons Droict, tant par indivis, que de Grurie, Grairie, Tiers & Danger, par l'Arpenteur de la Maistrise, à la diligence de nos Procureurs, chacun en son ressort, & en la presence des parties interessées, du Garde-Marteau ou Gruier, & du Sergent à Garde, dont le procés Verbal & Figure seront enregistrez au Greffe.

XXI.

Les Maistres, ou Lieutenans en leur absence, feront aussi dans le mesme temps, avec nos Procureurs, procés Verbal du nombre, scituation & continence des Bois de cette qualité, auec expression de l'essence & aage des Bois dont ils sont plantez, & des Droicts que nous y avons, signeront & mettront le tout au Greffe de la Maistrise, & en envoyeront autant au Grand Maistre, qui sur ce fera l'état general de son département, dont il donnera une expedition au Conseil, és mains du Controoleur General de nos Finances, & un autre au Greffe de la Table de Marbre.

XXII.

Tous les frais des Arpentages, Figures, Descriptions & Procés Verbaux seront taxez par le Grand-Maistre distinctement pour chacun Bois, & payez sur le prix total de la premiere vente qui s'y fera, au moyen dequoy la charge en sera portée par Nous & les possesseurs avec juste proportion des differens interests.

XXIII.

S'il se trouve par les procez Verbaux aucune usurpation ou deffrichement entrepris sans nostre expresse permission, les autheurs seront condamnez à restablir les choses en leur premier estat, & és amendes, restitutions, dommages, & interests, suivant la rigueur de nos Ordonnances.

Des Bois appartenants aux Ecclesiastiques & Gens de main-morte.

ARTICLE I.

TOus les Prelats, Abbez, Prieurs, Officiers & Communautez Ecclesiastiques, tant Seculieres que Regulieres, Oeconomes, Administrateurs, Recteurs & Principaux des Colleges, Hospitaux, & Maladeries, Commandeurs & Procureurs de l'Ordre de S. Iean de Ierusalem, seront tenus de faire Arpenter, Figurer & borner leurs Bois dans six mois, à compter du jour de la publication des presentes, & d'en mettre quinze jours aprés aux Greffes des Maistrises, les procés verbaux avec les plans & figures, sur lesquelles seront marquées les bornes selon leur juste assiette & distance, sinon les six mois passez, il y ſera pourveu à la diligence de nos Procureurs en chacune Maiſtriſe, aux frais des défaillans qui ſeront contraints au payement par ſaiſie de leur temporel, ſuivant la taxe que Nous voulons en eſtre faicte par les Grands-Maiſtres.

II.

VOULONS que conformément à l'Ordonnance de l'année mil cinq cent ſoixante treize, confirmée par celle de mil cinq cens quatre-vingt dix-ſept, la quatrieſme partie au moins des bois dependans des Evéchez, Abbayes, Benefices, Commanderies & Communautez Eccleſiaſtiques, ſoit tousjours en nature de fuſtaye; & s'il ne ſe trouvoit aucune fuſtaye, dans toute l'eſtenduë de leurs Bois, ou que celle qui y eſt à preſent fuſt au deſſous de la quatriéme partie de la totalité, ce qui manquera ſera pris dans leurs taillis, juſques à la concurrence de la quatriéme partie, pour eſtre reſeruée & croiſtre en fuſtaye, dont le choix & triage ſera fait par les Grands-Maiſtres aux endroits les plus propres, & où le fonds pourra mieux en porter, qui ſera ſeparé du reſte des taillis par bornes & limites, & reputé de pareille nature & qualité, ſans qu'il ſoit permis d'en vſer ou couper aucuns arbres que par les formes preſcrites pour la fuſtaye.

III.

APRES les reſerves diſtraites & ſeparées, le ſurplus des Bois taillis ſera reglé en coupes ordinaires de dix ans au moins, avec charge expreſſe de laiſſer ſeize balliveaux de l'aage du bois en chacun arpent, outre tous les anciens & modernes, qui ſeront pareillement reputez fuſtaye, & comme tels reſervez dans toutes les coupes ordinaires, ſans qu'en aucun cas on y puiſſe toucher qu'en vertu de nos Lettres Patentes, bien & deuëment verifiées, ainſi qu'il ſera dit cy-aprés.

IV.

Les Eccleſiaſtiques, Communautez, Commanderies, Oeconomes, Recteurs, & Adminiſtrateurs, ne pourront couper aucun arbre de Fuſtaye ou Balliveau ſur Taillis, n'y toucher au quart mis en reſerve, ou rien entreprendre au delà des coupes ordinaires & reglées, ſinon en vertu de Lettres Patentes bien & deuëment regiſtrées, à peine d'amende Arbitraire envers Nous, & de reſtitution du quadruple de la valleur des bois coupez ou vendus, lequel, s'il excede cinq cens livres, ſera employé en fonds pour le Benefice, College, Commanderie, Maladerie, ou autre Communauté, & le revenu appliqué à l'Hôpital des Lieux, pendant la vie ou la poſſeſſion des Beneficiers, Commandeurs, Receveurs ou Adminiſtrateurs contrevenans; Et ſi la reſtitution étoit moindre de cinq cens livres, elle appartiendra entierement à l'Hôpital.

V.

Nos Lettres ne ſeront octroyées pour Ventes de Fuſtaye ou Balliveaux reſervez, qu'en cas d'incendies, ruïnes, démolitions, pertes &

& accidens extraordinaires arrivez par forfait, guerre ou cas fortuit, & non par le fait ou faute des Beneficiers & Administrateurs, qui pour y parvenir, feront leurs remonstrances au Grand Maistre, lequel informera des causes & de la necessité, visitera les Lieux en presence de nostre Procureur en la Maistrise, fera priser par Experts les reparations necessaires ; & envoyera au Conseil és mains du Controoleur General de nos Finances, son procés verbal qui contiendra au vray la valeur, l'état & qualité des bois qu'on demandera permission de couper, ensemble le nombre & la qualité de ce qui en restera au Benefice ou à la Communauté, & son advis, lequel sera joint avec le procés Verbal aux Lettres sous le contre-seel.

VI.

L'EXECUTION de nos Lettres pour coupes extraordinaires és Bois des Ecclesiastiques & Communautez ne pourra estre faite que par le Grand Maistre, qui procedera aux Assiettes, Martellages, Adjudications & Recollemens, avec les mesmes formalitez observées pour nos Bois, taxera les frais & droits de nos Officiers, & autres par luy employez, selon leur travail, dont ils seront payez sur le prix de l'adjudication.

VII.

ENJOIGNONS aux Ecclesiastiques & Communautez, de charger expressément leurs Fermiers, Oeconomes, Receveurs, Marchands & Adjudicataires, de faire en leurs Bois les mesmes reserves prescrites pour l'usance des nostres ; Et Voulons qu'elles soient observées par les Receveurs, Fermiers ou Marchands, au nombre & en la forme ordonnée, quoy qu'ils n'y fussent pas obligez par leurs Baux, Marchez & Adjudications, à peine d'amende arbitraire à nostre profit, confiscation du prix des Ventes & des Bois abatus, avec restitution, dommages & interests au profit du Benefice ou Communauté, dont sera fait fonds, & le revenu affecté à l'Hôpital plus prochain des lieux, pendant la vie du Beneficier.

VIII

L'ADJUDICATAIRE des Bois ainsi vendus, consignera le prix és mains d'un notable Bourgeois commis par le Grand Maistre, sous la nomination des Ecclesiastiques, Commandeurs, Oeconomes, Recteurs, & Administrateurs, pour estre payé à l'Entrepreneur, lequel ne sera déchargé des reparations, qu'aprés avoir fait recevoir ses Ouvrages par l'advis des Gens à ce connoissans.

IX.

SERA tenu l'Adjudicataire d'observer en l'exploitation tout ce qui est prescrit pour celle de nos Bois, par la presente Ordonnance, & de faire proceder au Recollement aussi-tost que le terme de vuidange sera expiré, à peine d'amende Arbitraire, & de demeurer chargé des delits qui se commettront dans la vente & dans les réponses, sans recours ny moderation.

X.

Tous les Contracts, Lettres, Procés verbaux & autres actes concernant les Visites, Estimations, Devis, Permissions, Assiettes, Martelages, Adjudications, Recollemens & Receptions d'ouvrages, seront mis & enregistrez tant au Greffe du Grand-Maistre, qu'en celuy de la Maistrise pour y avoir recours quand besoin sera.

XI.

Les mesmes amendes, peines & condemnations ordonnées par ces presentes pour nos Eaux & Forests, auront lieu pour les Eaux & Forests des Ecclesiastiques, Communautez & gens de Main-morte, mesme pour la Chasse & la Pesche, à l'effet dequoy pourront les parties se pourvoir pardevant nos Grands-Maistres & Officiers des Maistrises, sans qu'aucune personne convenuë de telle qualité qu'elle soit, soit fondée ny receuë à en decliner la jurisdiction.

XII

Pourront nos Officiers visiter quand bon leur semblera, sans aucuns frais ny droits, les Eaux, Bois & Forests des Ecclesiastiques, Commandeurs, Hospitaux & Communautez, & s'ils y trouvent des malversations, abus ou contraventions à l'Ordonnance, ils en feront leurs procez verbaux, sur lesquels y sera pourveu par le Grand-Maistre en connoissance de cause.

Des Bois, Prez, Marais, Landes, Pastis, Pescheries, & autres biens appartenans aux Communautez & Habitans des Parroisses.

ARTICLE I.

Tovs les Bois dependans des Parroisses & Communautez d'Habitans seront arpentez, figurez & bornez dans six mois, à la diligence des Syndics, & les procez verbaux & figures incessamment portées aux Greffes des Maistrises, à quoy nous enjoignons à nos Procureurs de tenir exactement la main.

II.

Le quart de ces Bois communs sera reservé pour croistre en fustaye dans les meilleurs fonds & lieux plus commodes par triage & designation du grand Maistre, ou des Officiers de la Maistrise par son ordre.

III.

Ce qui restera, la reserve estant faite, sera reglé en coupes ordinaires de taillis au moins de dix ans, avec marque & retenuë de seize Balliveaux de l'aage du Bois en chacun arpent, des plus beaux brins de Chesne, Hestre, ou autres de la meilleure essence, outre & pardessus les anciens, modernes & fruitiers.

IV.

Si neantmoins les Bois estoient de la concession gratuite des Seigneurs sans charge d'aucun cens, redevance, prestation ou servitude, le tiers en pourra estre distraict & separé à leur profit, en cas qu'ils le demandent, & que les deux autres suffisent pour l'usage de la Parroisse, sinon le partage n'aura lieu; mais les Seigneurs & les habitans joüiront en commun comme auparavant : Ce qui sera pareillement observé pour les Prez, Marais, Isles, Pastis, Landes, Bruieres & Grasses pastures, où les Seigneurs n'auront autre droit que d'usage, & d'envoyer leurs bestiaux en pasture, comme premiers Habitans, sans part ny triage, s'ils ne sont de leur concession, sans prestation, redevance ou servitude.

V.

La concession ne pourra estre reputée gratuite de la part des Seigneurs, si les Habitans justifient du contraire par l'acquisition qu'ils en ont faite, & s'ils ne sont tenus d'aucune charge, mais s'ils en faisoient ou payoient quelque reconnoissance en argent, corvées, ou autrement, la concession passera pour onereuse, quoy que les Habitans n'en monstrent pas le tiltre, & empéchera toute distraction au profit des Seigneurs, qui joüiront seulement de leurs usages & chauffages, ainsi qu'il est accoustumé.

VI

Les Seigneurs qui auront leurs Triages, ne pourront rien pretendre à la part des Habitans, & n'y auront aucun droict d'Vsage, Chauffage ou Pasturage, pour eux ny leurs Fermiers, Domestiques, Chevaux & Bestiaux ; mais elle demeurera à la Communauté franche, & déchargée de tout usage & servitude.

VII.

Si dans les Pastures, Marais, Prez & Pastis écheus au triage des Habitans, ou tenus en commun sans partage, il se trouvoit quelques endroits inutils & superflus, dont la Communauté pût profiter sans incommoder le pasturage, ils pourront estre donnez à ferme apres un resultat d'assemblée faite dans les formes, pour une, deux ou trois années par adjudication des Officiers des lieux, sans frais, & le prix employé aux reparations des Parroisses dont les Habitans sont tenus, ou autres urgentes affaires de la Communauté.

VIII.

Deffendons aux Seigneurs, Maires, Eschevins, Syndics, Marguilliers & Habitans des Parroisses, sans distinction, de faire aucune coupe au triage du quart reservé pour la fustaye, & aux Officiers de le permettre ou souffrir, à peine de deux mil livres d'amende contre chacun particulier contrevenant, & en outre, contre les Officiers, de privation de leurs charges, sauf en cas d'incendie, ou ruine notable des Eglises, Portes, Ponts, Murs, & autres lieux publics, à se pourveoir pour obtenir nos Lettres, ainsi qu'il est ordonné pour les Ecclesiastiques.

IX.

L'assiette des couppes ordinaires sera faite sans frais par le Iuge des lieux en presence du Procureur d'Office, du Syndic, & de deux deputez de la Parroisse, & les pieds corniers, arbres de liziere &

Ballivtaux marquez du Marteau de la Seigneurie, qui sera conservé dans un coffre à trois clefs, une pour le Iuge, l'autre pour le Procureur Fiscal, & la troisiéme pour le Syndic de la Communauté.

X.

Le Iuge pourra commettre pour l'assiette l'Arpenteur ordinaire ou tel autre qu'il jugera plus commode, mais le recollement se fera par l'Arpenteur juré de la Maistrise, dont les salaires seront moderément taxez suivant son travail, le tout à peine de nullité, cinq cens livres d'amende, & d'interdiction contre le Iuge qui contreviendroit.

XI.

Les coupes seront faites à tire & aire, à fleur de terre par gens entendus, choisis aux frais de la Communauté, & capables de respondre de la mauvaise exploitation, pour estre en suite distribuées suivant la coustume; & en cas de plainte ou contestation sur le partage ou distribution, le Grand-Maistre y pourvoira en faisant ses visites.

XII.

Si pour le plus grand advantage de la Communauté, il estoit jugé à propos par le Grand-Maistre qu'il se fist vente des coupes ordinaires, il en renvoyera l'adjudication au Iuge du lieu, qui sera tenu d'y proceder avec les formalitez prescrites pour la vente de nos Bois, s'il n'y avoit Siege de Maistrise, ou Grurie dans la mesme Parroisse, auquel cas nos Officiers feront la vente sans frais, & sans que les deniers puissent estre employez qu'aux reparations extraordinaires, ou affaires urgentes de la Communauté, à peine de repetition du quadruple, & de cinq cens livres d'amande contre le Maire, Eschevins, Syndic, ou principaux Habitans qui les auront divertis.

XIII.

Les Places abrouties seront recepées aux frais de la Communauté, & tenus en deffends comme tous les autres taillis, jusques à ce que le reject soit au moins de six ans, sur les peines reglées à cét égard pour nos Forests.

XIV.

Enioignons aux Habitans de proposer annuellement un ou plusieurs Gardes pour la conservation de leurs bois communs, faute dequoy le Iuge des lieux y pourvoira, & taxera d'Office les salaires qui seront payez par la Communauté.

XV.

Les Gardes feront le serment, & leurs rapports pardevant les Officiers des Maistrises, ou Gruries, si leur residence n'estoit éloignée que de quatre lieuës, mais au cas que le Siege soit dans une plus grande distance, le serment & les rapports se feront pardevant le Iuge ordinaire des lieux, qui sera tenu de se conformer pour l'instruction & jugement des abus & délits aux formes & peines prescriptes pour les abus & délits commis dans nos Bois.

XVI.

XVI.

POURRONT nos Officiers faire visites quand bon leur semblera, dans les Bois des Parroisses, pour connoistre de la bonne ou mauuaise exploitation, & s'ils y trouvoient des delits, abus, negligences ou malversations du fait des particuliers ou des Officiers, Gardes & Syndics, les reprimeront par amandes & peines, suivant la rigueur de nos Ordonnances, auquel cas ils auront leurs droits & vacations sur les amandes & restitutions adjugées, suivant la taxe qui en sera faite par le grand Maistre.

XVII.

LA part des habitans en la Pescherie sera donnée par adjudication en l'Audience ou place ordinaire à tenir les Plaids, par le Juge des lieux, en presence du Procureur d'Office, & du Syndic de la Parroisse, au plus offrant & dernier encherisseur, sans frais ny droits, apres Publications aux Prosnes des Messes Parroissialles des deux Dimanches precedens, & aux deux Marchez publics, pour estre le prix de l'adjudication employé aux reparations de l'Eglise & autres dont les Habitans peuvent estre tenus, ou aux necessitez plus pressantes de la Communauté.

XVIII.

DEFFENDONS à tous particuliers habitans, autres que les Adjudicataires qui ne pourront estre que deux en chacune Parroisse, de pécher en aucune sorte, mesme à la Ligne, à la main ou au Panier, és Eaux, Rivieres, Estangs, Fossez, Marais & Pécheries communes, nonobstant toutes coustumes & possessions contraires, à peine de trente livres d'amande & un mois de prison pour la premiere fois, & de cent livres d'amande, avec bannissement de la Parroisse en recidive.

XIX.

TOUS partages entre les Seigneurs & les Communautez seront faits par les grands Maistres, en connoissance de cause, sur les titres representez par advis & rapports d'Experts, & se payeront les frais par les Seigneurs & par les habitans, à proportion du droit qu'ils auront en la chose partagée.

XX.

LES grands Maistres & Officiers de la Maistrise instruiront & jugeront sommairement les differends qui pourroient survenir en execution du partage des Bois, prez, pastis & Eaux communes, entre les Seigneurs, Officiers, Syndics, Deputez ou particuliers habitans, sans que les Juges ordinaires des lieux en puissent connoistre.

XXI.

TOUTES amandes & confiscations qui s'adjugeront pour les Eaux, prez, pastis, & Bois communs contre les particuliers, appartiendront au Seigneur Haut Justicier, & les restitutions, dommages & interests à la Communauté, excepté les cas de reformation, dans lesquels toutes amandes & confiscations nous appartiendront, & les dommages & interests à la Parroisse.

XXII.

Voulons que les restitutions, dommages, & interests adjugez aux Communautez pour entreprises faites, abus ou delits commis en leurs Bois, Eaux & usages, soient mis és mains du Syndic ou d'un notable habitant, qui sera nommé à cet effet à la pluralité des suffrages, pour estre le tout employé comme dessus aux reparations & necessitez publiques, à peine de cinq cens livres d'amande & de restitution du quatruple contre ceux qui en auroient autrement ordonné ou disposé.

Des Bois appartenans aux Particuliers.

Article Premier.

Enjoignons à tous nos Sujets, sans exception ny difference, de regler la coupe de leurs Bois Taillis au moins à dix années, avec reserve de seize Balliveaux en chacun arpent, & seront tenus d'en reserver aussi dix és ventes ordinaires de Fustaye, pour en disposer neantmoins à leur profit apres l'aage de quarante ans pour les Taillis, & de six vingt ans pour la Fustaye; & qu'au surplus ils observent en l'exploitation ce qui est prescrit pour l'usance de nos Bois, aux peines portées par les Ordonnances.

II.

Permettons aux grands Maistres & autres Officiers des Eaux & Forests la visite & inspection dans les Bois des particuliers, pour y faire observer la presente Ordonnance, & reprimer les contraventions, sans qu'ils y exercent autre Jurisdiction & prennent connoissance des ventes, garde, police & delits ordinaires, s'ils n'en sont requis par les proprietaires.

III.

Ne pourront ceux qui possedent Bois de haute Fustaye, assis à dix lieuës de la mer, & à deux des Rivieres navigables, les vendre ou faire exploiter, qu'ils n'en ayent six mois auparavant adverty le grand Maistre & le Controlleur General de nos Finances, à peine de trois mil livres d'amande & de confiscation des Bois coupez ou vendus.

IV.

Les Possesseurs des Bois joignans nos Forests, à titre de proprieté ou d'usufruit, seront tenus de declarer au Greffe de la Maistrise, le nombre & la qualité qu'ils en voudront vendre chacune année, à peine d'amande arbitraire & de confiscation.

V.

Sera libre à tous nos sujets de faire punir les delinquans en leurs Bois, Garennes, Estangs & Rivieres, mesme pour la Chasse & pour la Pesche, des mesmes peines & reparations ordonnées par ces presentes pour nos Eaux & Forests, Chasses & Pescheries; & à cet effet se pourvoir, si bon leur semble, pardevant le grand Maistre & les Officiers de la Maistrise, ausquels, en tant que besoin seroit, nous en attribuons toute connoissance & Jurisdiction.

De la Police & conservation des Forests, Eaux & Rivieres.

ARTICLE PREMIER.

REïTERONS la prohibition faite par l'Ordonnance de Moulins de faire aucunes alienations à l'avenir, de quelque partie que ce soit de nos Forests, Bois & Buissons, à peine contre les Officiers de privation de leurs charges, & de dix mil livres d'amande contre les acquereurs, outre la reunion à nostre Domaine & confiscation à nostre profit de tout ce qui pourroit avoir esté semé, planté ou basty sur les places de cette qualité.

II.

TOUS Arbres de reserve & Balliveaux sur Taillis seront à l'avenir reputez faire partie du fonds de nos Bois & Forests, sans que les Doüairiers, Donataires, Engagistes, Vsufruitiers, & leurs Receveurs ou Fermiers y puissent rien pretendre, ny aux amandes qui en proviendront.

III.

LES Grands Maistres faisant leurs visites, seront tenus de faire mention dans leurs procés verbaux, de toutes les places vuides non alienées ny données à titre de cens ou d'affeage, qu'ils auront trouvées dans l'enclos & aux reins de nos Forests, pour estre pourveu, sur leurs advis, à la semence ou repeuplement, ou à ce qui sera convenable à l'Estat & au bien de nos affaires.

IV.

TOUS les Riverains possedans Bois joignant nos Forests & Buissons seront tenus de se fossoyer de fossez ayans quatre pieds de largeur & cinq pieds de profondeur, qu'ils entretiendront en cet estat, suivant l'Ordonnance, à peine de reünion.

V.

NOS Officiers des Maistrises faisant leurs visites, feront mention dans leurs procés verbaux de l'estat des bornes & fossez entre nous & les Riverains, & reparer les entreprises & changemens qu'ils reconnoistront y avoir esté faits depuis leur dernier visite, mesme feront mention dans leur procés verbal de visite suivante, du restablissement des choses dans leur premier estat, & des Jugemens qu'ils auront rendus contre les coupables, à peine d'en demeurer responsables solidairement en leurs privez noms.

VI.

Deffendons à toutes personnes de planter Bois à cent perches de nos Forests, sans nostre permission expresse, à peine de cinq cens livres d'amande & de confiscation de leurs Bois qui seront arrachez ou coupez.

VII.

Nos Procureurs és Maistrises auront communication par les mains des poursuivans Criées, de tous procés verbaux de Criées, Affiches & Publications qui se feront à l'avenir, de maisons, terres, Bois & autres Heritages en Fief ou Roture, assis dans l'enclos, aux rives, & à cent perches de nos Forests, Bois & Buissons, qui pour cet effet seront mises au Greffe des Maistrises, du moins quinzaine avant l'adjudication des Decrets, lesquels feront mention expresse de leur consentement ou opposition, à peine de nullité. & le Juge qui les aura adjugez sans cette formalité, ou avant le jugement de l'opposition, en cas qu'il y en ait eu de formée, condamné en mille livres d'amande pour la premiere fois, en deux mil livres pour la seconde & privation de sa Charge en recidive.

VIII.

Seront aussi communiquez à nos Procureurs és Maistrises tous adveux & denombremens, Contracts d'acquisitions & declarations d'Heritages tenus en Censive dans l'enclos & à cent Perches de nos Forests, Bois & Buissons, sans qu'ils puissent estre receus, verifiez, enregistrez ou ensaisinez par nos Officiers en la Chambre des Comptes, Bureau des Finances, ny par les Seigneurs Dominans & Censiers, leurs Fermiers, Receveurs ou Officiers, qu'aprés cette communication ou consentement de nos Procureurs ou le jugement de l'opposition, s'il y en a eu, dont sera fait mention par les actes de reception, enregistrement, & ensaisinement, sur les peines cy dessus contre les Officiers, de reünion des droits Feodaux & censives contre les Seigneurs, & de confiscation des biens donnez par adveux & declarations contre les particuliers qui les auront faits sans cette formalité.

IX.

Dans les communications qui seront faites à nos Procureurs des Maistrises tous les Heritages joints aux Forests, ainsi saisis, ou acquis & donnez par adveux & denombremens, seront exprimez avec leur consistance, quantité d'Arpens, nature & qualité, & si besoin est, rearpentez par l'Arpenteur juré de la Maistrise, dont le procés verbal sera affirmé pardevant le Maistre particulier, & registré au Greffe sans frais, en cas que l'expression faite par l'acte de communication soit fidelle, mais aux frais des parties qui se trouveront en fraude, pour l'Arpentage seulement, dont il sera payé suivant la taxe qui en sera faite par le Maistre particulier.

X.

Enjoignons à nos Procureurs de donner dans quinzaine du jour que les pieces auront esté mises au Greffe, leurs Conclusions par escrit, & en cas d'opposition, de les faire signifier dans le mesme temps au poursuivant criées, acquereurs, tenanciers & autres y ayans droit, pour y respondre dans la huitaine & estre incessamment procedé à l'instruction & Jugement de l'opposition par le grand Maistre, ou par les Officiers de la Maistrise, sans aucuns frais ny droits, à peine de respondre du tout en leurs noms.

XI.

XI.

Faisons tres-expresses deffences d'arracher aucuns Plants de chesnes, charmes ou autres Bois dans nos Forests, sans nostre permission & attache du grand Maistre, à peine de punition exemplaire & de cinq cens livres d'amande.

XII.

Deffendons à toutes personnes d'enlever dans l'estenduë & aux reins de nos Forests, sables, terres, marnes, ou argilles, ny d'y faire de la chaux, à cent Perches de distance, sans nostre permission expresse, & aux Officiers de le souffrir, sur peine de cinq cens livres d'amande, & de confiscation des Chevaux & Harnois.

XIII.

Ne sera fait aucune delivrance de Taillis ou menu Bois, vert ou sec, de telle qualité & valeur qu'ils puissent estre, aux Poudriers & Salpêtriers, ausquels & aux Commissaires des Poudres & Salpêtres, faisons tres-expresses inhibitions & deffences d'en prendre, sous aucun pretexte, à peine de cinq cens livres d'amande pour la premiere fois, du double & de punition exemplaire en recidive, nonobstant tous Edits, Declarations, Arrests, permissions & concessions contraires.

XIV.

Nulle mesure n'aura lieu & ne sera employée dans nos Bois & Forests, & en ceux tenus par indivis, Grurie, Grairie, Segrairie, Tiers & Danger, Appanage, engagement, usufruit, & mesme des Ecclesiastiques, Communautez & particuliers nos Sujets; sans aucun excepter, que la mesure de douze lignes pour poulce, douze poulces pour pied, vingt-deux pieds pour Perche, & cent Perches pour Arpent, à peine de mil livres d'amande, nonobstant & sans avoir égard à tous usages & possessions contraires, ausquelles avons dérogé, dérogeons & voulons qu'au Greffe de chacune Maistrise & autres Justices, il soit mis un Estalon de la mesure cy-dessus prescrite.

XV.

Dans toutes nos Forests & Bois, & ceux des Ecclesiastiques, particuliers & autres dénommez en l'Article cy-dessus, il ne sera fait aucune livraison de Bois à brusler, soit en cas de vente ou délivrance de chauffage, à autre mesure qu'à la corde qui aura huit pieds de long, quatre de haut, les Busches de trois pieds & demy de longueur, compris la Taille, le Bois de Cotterets de deux pieds de longueur, & le Cotteret de dix-sept à dix-huit poulces de grosseur; Abrogeant les rottées, mesures, journées, sommes, charges, voyes & toutes autres mesures contraires.

XVI.

Seront laissées & conservées au Greffe de chacune Maistrise, des Cartes, Figures & descriptions approuvées par le grand Maistre, de nos Bois, Buissons & Forests, & de ceux tenus par indivis, Grurie, Grairie,

Segrairie, Tiers & Danger, Appanage, engagement & usufruit, qui sont dans l'estenduë de leur Ressort, & autant dans les Greffes des Tables de Marbre; le tout à la diligence des Maistres particuliers & nos Procureurs, à peine de radiation de leurs gages.

XVII.

TOUTES Maisons basties sur Perches dans l'enceinte, aux reins, & à demie lieuë des Forests, par des vagabonds & inutils, seront incessamment démolies, & leur sera fait deffences d'en bastir à l'avenir dans la distance de deux lieuës de nos Bois & Forests, sur peine de punition corporelle.

XVIII.

DEFFENDONS à toutes personnes de faire construire à l'avenir aucuns Chasteaux, Fermes & maisons dans l'enclos, aux rives, & à demie lieuë de nos Forests, sans esperance d'aucune remise ny moderation des peines d'amende & de confiscation du fonds & des bastimens.

XIX.

DEFFENDONS aux Marchands Ventiers, usagers, & à toutes autres personnes de faire Cendres dans nos Forests ny dans celles des Ecclesiastiques ou Communautez, aux usufruitiers & à nos Officiers de le souffrir, à peine d'amande arbitraire & de confiscation des Bois vendus, ouvrages & outils, & privation de charges contre les Officiers, s'il n'y a Lettres Patentes Verifiées sur l'advis des grands Maistres.

XX.

LES Marchez qui se feront en vertu de Lettres Patentes, seront enregistrez aux Greffes des Maistrises, & ne pourront les Cendres estre faites qu'aux places & endroits designez aux Marchands par les grands Maistres ou Officiers.

XXI.

FAISONS deffences à toutes personnes de tenir Atteliers de Cendres, ny en faire façonner ailleurs que dans les ventes, ou en faire transporter que les tonneaux ne soient marquez du Marteau du Marchand, sur peine d'amande arbitraire & de confiscation,

XXII.

DEFFENDONS à toutes personnes de charmer ou brusler les Arbres, ny d'en enlever l'escorce sur peine de punition corporelle : & seront les fosses à charbon placées aux endroits les plus vuides & les plus esloignez des Arbres & du recrû, & les Marchands tenus de les repeupler & resemer s'il est jugé à propos par le grand Maistre, avant qu'ils puissent obtenir leur congé de Cour, à peine d'amande arbitraire.

XXIII.

LES Cercliers, Vanniers, Tourneurs, Sabottiers & autres de pareille condition ne pourront tenir Atteliers dans la distance de demie lieuë de nos Forests, à peine de confiscation de leurs Marchandises & de cent livres d'amande.

XXIV.

Enjoignons aux Officiers des Maistrises d'empescher le debit du Bois de delit és Villes fermées, qui sont à la distance de deux lieuës de nos Forests; & à cet effet leur permettons de faire perquisition dans les maisons, des Bois de Merrein & à bastir, qu'ils auront eu advis y avoir esté portez, pour y estre par eux pourveu ainsi qu'il appartiendra. Et pourront les Gardes de nos Forests, en presence d'un Officier de la Maistrise, ou au deffaut, en la presence du Juge ordinaire, nostre Procureur ou le Procureur d'Office, faire les mesmes visites, dont ils dresseront leurs procés verbaux qu'ils rapporteront aux Greffes des Maistrises; & seront les coupables punis par les Grands Maistres ou Officiers de la Maistrise, suivant la rigueur de nos Ordonnances.

XXV.

Ordonnons que les Monasteres, Gouverneurs des Places, Commandans les Troupes, Seigneurs & Gentils-hommes, feront ouverture des portes des Villes & Chasteaux aux Grāds Maistres, Maistres particuliers, Lieutenans & nos Procureurs, pour faire toutes les recherches, perquisitions & procedures qu'ils trouveront à propos pour nostre service, & mettront és mains de nos Officiers, tous accusez de delit commis és Forests, mesmes les Cavaliers & Soldats passans ou tenans garnison, à la premiere requisition qui leur en sera faite, sans qu'ils les puissent retenir ou garder, nonobstant tous les Privileges, & sous pretexte de Justice Militaire, Police ou autrement, à peine de desobeïssance & de respondre en leurs propres & privez noms, des amandes, restitutions & interests.

XXVI.

Deffendons à tous Marchands adjudicataires de nos Bois ou ceux des particuliers joignans nos Forests, mesmes aux proprietaires qui les feront user, d'en donner aux Buscherons & autres ouvriers pour leurs salaires, à peine de respondre de tous les delits qui se commettront dans nos Forests pendant les usances & jusques au recollement des Ventes; & aux Bucherons & autres ouvriers travaillans dans nos Forests, d'emporter, sortant des Atteliers, aucun Bois scié, fendu ou d'autre nature, à peine de cinquante livres d'amande pour la premiere fois, & de punition en recidive.

XXVII.

Faisons deffences aux Usagers & à tous autres d'abatre la Glandée, Feine & autres fruits des Arbres, les amasser ny emporter, ny ceux qui seront tombez, sous pretexte d'usage ou autrement, à peine de cent livres d'amande.

XXVIII.

Et à tous Marchands de peler les Bois de leurs ventes estans de bout & sur pied, sur peine de cinq cens livres d'amande & de confiscation.

XXIX.

Ne pourront les Marchands ny leurs associez tenir aucuns Atteliers & loges, ny faire ouvrer Bois ailleurs que dans les ventes, sur peine de cent livres d'amande, & de confiscation.

XXX.

Ceux qui habitent les maisons situées dans nos Forests & sur leurs rives, ne pourront y faire commerce ny tenir Atteliers de Bois ny en faire plus grand amas que ce qui est necessaire pour leur chauffage, à peine de confiscation, d'amande arbitraire & de démolition de leurs maisons.

XXXI.

Ne pourront les Sergens à Garde ny autres Officiers de nos Forests tenir Taverne, ny exercer aucun mestier où l'on employe du Bois, à peine de destitution & de cinquante livres d'amende, outre la confiscation des Bois qui se trouveront en leurs maisons.

XXXII.

Faisons aussi deffences à toutes personnes de porter & allumer feux en quelque saison que ce soit, dans nos Forests, Landes & Bruieres, & celles des Communautez & particuliers, à peine de punition corporelle & d'amande arbitraire, outre la reparation des dommages que l'incendie pourroit avoir causez, dont les Communautez & autres qui ont choisi les Gardes, demeureront civilement responsables.

XXXIII.

Abrogeons les permissions & droits de feu, loges & toutes délivrances d'arbres, perches, mort-Bois, sec ou vert en estaut, sans qu'il soit permis à aucuns usagers, de telle condition qu'ils soient, d'en prendre ou faire couper & d'en enlever autre que gisant, nonobstant tous Titres, Arrests & Privileges contraires, qui demeurent nuls & revoquez, à peine contre les contrevenans d'amande, restitutions, dommages & interests & de privation du droit d'usage.

XXXIV.

Les usagers & autres personnes trouvées de nuit dans les Forests, hors les routes & grands chemins, avec serpes, haches, scies ou coignées, seront emprisonnez & condamnez pour la premiere fois en six livres d'amande, vingt livres pour la seconde, & pour la troisiesme bannis de la Forest.

XXXV.

Aussi-tost qu'une personne aura esté declarée inutile, nostre Procureur luy fera commandement & à sa famille de sortir & s'éloigner à deux lieuës de nos Forests, avec deffences à toutes personnes de les retirer dans l'estenduë de cette distance; ce qui sera publié au Prosne: & où apres la publication quelques

quelques perſonnes de la Parroiſſe ſe trouveroient avoir donné retraite, ſeront condamnées en trois cens livres d'amende, & outre demeureront reſponſables de toutes les amendes qui ſeront jugées contre les inutils.

XXXVI.

ORDONNONS que dans trois mois apres la publication des preſentes, il en ſera fait un Rôle exact en chacune Maiſtriſe du nom de tous les Vagabonds & inutils, qui auront eſté employez pluſieurs fois ſur les Rôlles precedens, leſquels ſeront tenus de ſe retirer inceſſamment à deux lieuës de nos Foreſts, à peine d'eſtre mis au carcan trois jours de marché conſecutifs, & d'un mois de priſon.

XXXVII.

SI les Garde-marteaux ou Sergens à Garde les employent dans leurs procés verbaux, apres qu'ils auront eſté declarez inutils & vagabonds, en conſequence d'aucuns de leurs rapports precedens, ils ſeront eux-meſmes condamnez & contraints au payement des ſommes & amendes dont ils ſe trouveront chargez.

XXXVIII.

SERA envoyé un Eſtat contenant le nom & la deſcription de tous les inutils & vagabonds d'une Maiſtriſe, aux Greffes des autres Maiſtriſes voiſines; & s'il ſe trouve que pour n'eſtre pas reconnus, ils ayent changé de nom; Voulons qu'ils ſoient condamnez aux Galeres, s'ils y peuvent ſervir, ſinon en telles autres peines corporelles & exemplaires qui ſeront arbitrées par nos Officiers des Foreſts.

XXXIX.

ENJOIGNONS à nos Procureurs des Maiſtriſes de faire inceſſamment arreſter les inutils & vagabonds de la qualité cy-deſſus, & de les faire enlever des priſons des lieux dans la huitaine du jour qu'ils auront eſté arreſtez, pour eſtre à leur requeſte & diligence conduits dans les priſons des Villes où la chaiſne a accouſtumé de paſſer, les plus proches du lieu de la Maiſtriſe, pour y eſtre attachez; laquelle conduite ſera faite par les Visbaillifs, Lieutenans criminels de Robbe-courte, ou Prevoſté des Mareſchaux, à la premiere ſommation qui leur en ſera faite à la requeſte de nos Procureurs des Maiſtriſes; ce que nous leur enjoignons & à leurs Lieutenans, Exempts & Archers, à peine de perte de leurs charges; & ſeront les frais & ſalaires payez ſur les deniers des amendes & confiſcations, ſuivant la taxe qui en ſera faite par le Grand-Maiſtre.

XL.

NE ſeront tirées terres, ſables, & autres matereaux à ſix toiſes prés des rivieres navigables, à peine de cent livres d'amende.

XLI.

DECLARONS la proprieté de tous les fleuves & rivieres portans batteaux de leur fonds, ſans artifice & ouvrages de mains, dans noſtre Royaume & terres de noſtre obeïſſance, faire partie du Domaine de noſtre Couronne, nonobſtant tous titres & poſſeſſions contraires, ſauf les droits de peſche, moulins, bacs, & autres uſages que les particuliers peuvent y avoir par titres & poſſeſſions valables, auſquels ils ſeront maintenus.

XLII.

Nul, ſoit Proprietaire ou Engagiſte ne pourra faire moulins, batardeaux, écluſes, gords, pertuis, murs, plants d'arbres, amas de pierres, de terres, & de faſcines, ny autres édifices ou empeſchemens nuiſibles au cours de l'eau, dans les fleuves & rivieres navigables & flottables, ny meſme y jetter aucunes ordures, immondices, ou les amaſſer ſur les quais & rivages, à peine d'amende arbitraire. Enjoignons à toutes perſonnes de les oſter dans trois mois du jour de la publication des preſentes : Et ſi aucuns ſe trouvent ſubſiſter apres ce temps, Voulons qu'ils ſoient inceſſamment oſtez & levez à la diligence de nos Procureurs des Maiſtriſes, aux frais & dépens de ceux qui les auront faits ou cauſez, ſur peine de cinq cens livres d'amende, tant contre les particuliers que contre le Juge & noſtre Procureur qui auront negligé de le faire, & de reſpondre en leurs privez noms des dommages & intereſts.

XLIII.

Ceux qui ont fait baſtir des Moulins, Ecluſes, Vannes, Gords, & autres Edifices dans l'eſtenduë des fleuves & rivieres navigables & flottables, ſans en avoir obtenu la permiſſion de Nous, ou de nos predeceſſeurs, ſeront tenus de les démolir; ſinon, le ſeront à leurs frais & deſpens.

XLIV.

Deffendons à toutes perſonnes de détourner l'eau des Rivieres navigables & flottables, ou d'en affoiblir & alterer le cours par tranchées, foſſez, & canaux, à peine contre les contrevenans d'eſtre punis comme uſurpateurs, & les choſes reparées à leurs deſpens.

XLV.

Reglons & fixons le chommage de chacun Moulin qui ſe trouvera eſtably ſur les rivieres navigables & flottables avec droits, titres & conceſſions, à quarante ſols pour le temps de vingt-quatre heures, qui ſeront payez aux proprietaires des moulins, ou leurs Fermiers & Meuſniers par ceux qui cauſeront le chommage pour leur navigation & flottage : Faisant tres-expreſſes deffences à toutes perſonnes d'en exiger davantage, ny de retarder en aucune maniere la navigation & flottage, à peine de mille livres d'amende; outre les dommages & intereſts, frais & deſpens qui ſeront reglez par nos Officiers des Maiſtriſes, ſans qu'il puiſſe y eſtre apporté aucune moderation.

XLVI.

S'il arrive differend pour les droits de chommage des moulins &

ſalaires des Maiſtres des Ponts & Gardes des pertuis, Portes & Ecluſes des Rivieres navigables & flottables, ils ſeront reglez par le grand Maiſtre, ou les Officiers de la Maiſtriſe, en ſon abſence, les Marchands trafiquans, & les Proprietaires & Meuſniers prealablement oüis, ſi beſoin eſt, & ce qui ſera par eux ordonné, executé par proviſion, nonobſtant & ſans prejudice de l'appel.

Des Routes & Chemins Royaux és Foreſts & Marche-pieds des Rivieres.

Article Premier.

En toutes les Foreſts de paſſage, où il y a & doit avoir grand chemin Royal ſervant aux Coches, Carroſſes, Meſſagers & Rouliers de Villes à autres, les grandes routes auront au moins ſoixante-douze pieds de largeur ; & où elles ſe trouveroient en avoir davantage, elles ſeront conſervées en leur entier.

II.

S'il eſtoit jugé neceſſaire de faire nouvelles routes pour la facilité du commerce & la ſeureté publique en aucunes de nos Foreſts, les Grands-Maiſtres feront leurs procés verbaux d'alignemens, & du nombre, eſſence, & valeur des bois qu'il faudroit couper à cét effet, qu'ils envoyeront avec leurs advis à noſtre Conſeil és mains du Controlleur general de nos Finances, pour y eſtre par nous pourveu.

III.

Ordonnons que dans ſix mois du jour de la publication des preſentes, tous bois, eſpines, & brouſſailles qui ſe trouveront dans l'eſpace de ſoixante pieds és grands chemins, ſervans au paſſage des coches & carroſſes publics, tant de nos Foreſts que de cellès des Eccleſiaſtiques, Communautez, Seigneurs & particuliers, ſeront eſſartées & coupées, en ſorte que le chemin ſoit libre & plus ſeur, le tout à nos frais, és Foreſts de noſtre Domaine, & aux frais des Eccleſiaſtiques, Communautez & particuliers dans les bois de leur dépendance.

IV.

Voulons que les ſix mois paſſez ceux qui ſe trouveront en demeure, ſoient mulctez d'amende arbitraire, & contraints par ſaiſie de leurs biens au payement tant du prix des ouvrages neceſſaires pour l'eſſartement, dont l'adjudication ſera faite au moins diſant, au Siege de la Maiſtriſe, que des frais & deſpens faits apres les ſix mois, qui eront taxez par le Grand Maiſtre.

V.

Les arbres & bois qu'il conviendra couper dans nos Foreſts pour mettre les routes en largeur ſuffiſante, ſeront vendus ainſi que le Grand Maiſtre adviſera pour noſtre plus grand profit ; & ceux des Eccleſiaſtiques

& Communautez leur demeureront en compensation de la despense qu'ils auront à faire pour l'essartement.

V I.

ORDONNONS que dans les angles, ou coins des places croisées, triviaires & biviaires qui se rencontrent és grandes routes & chemins Royaux des Forests, nos Officiers des Maistrises feront incessamment planter des croix, poteaux, ou pyramides à nos frais és Bois qui nous appartiennent, & pour les autres, aux frais des Villes plus voisines & interessées, avec inscriptions & marques apparentes du lieu où chacun conduit; sans qu'il soit permis à aucunes personnes de rompre, emporter, lacerer, ou biffer telles croix, poteaux, inscriptions & marques, à peine de trois cens livres d'amende, & de punition exemplaire.

V I I.

LES proprietaires des heritages aboutissans aux Rivieres navigables, laisseront le long des bords vingt-quatre pieds au moins de place en largeur pour chemin Royal & trait des chevaux, sans qu'ils puissent planter arbres, ny tenir clostures, ou hayes plus prés que trente pieds du costé que les batteaux se tirent, & dix pieds de l'autre bord, à peine de cinq cens livres d'amende, confiscation des arbres, & d'estre les contrevenans contraints à reparer & remettre les chemins en estat à leurs frais.

Droits de Peages, Travers, & autres.

ARTICLE PREMIER.

SUPPRIMONS tous les droits qui ont esté establis depuis cent années sans titre sur les Rivieres, & deffendons de les lever, sous tel pretexte que ce soit, à peine d'exaction & de repetition du quatruple au profit des Marchands & passans contre les Seigneurs ou leurs Fermiers : VOULANT que toutes barrieres, digues, chaisnes, & autres empeschemens aux chemins, levées, ponts, passages, rivieres, écluses & pertuis pour la perception de ces droits, soient ostez & rompus.

I I.

A L'EGARD des Peages & droits establis avant les cent années par titres legitimes dont la possession n'aura point esté interrompuë ; Ordonnons que les Ecclesiastiques, Seigneurs & Proprietaires, de quelque qualité qu'ils soient, justifieront de leur droit & de leur possession pardevant le Grand Maistre, pour, sur ses procés verbaux estre par nous pourveu en nostre Conseil au rapport du Controlleur General de nos Finances, ainsi qu'il appartiendra.

I I I.

DEFFENDONS aux Proprietaires, Fermiers, Receveurs & Peagers de saisir & arrester les Chevaux, Equipages, Batteaux & Nasselles, faute de payement des droits qui seront compris dans la pancarte qui sera faite & approuvée;

approuvée : Pourront seulement saisir les meubles, marchandises & danrees, jusques à la concurrence de ce qui sera legitimement deub, par estimation raisonnable, & y establir Commissaire pour estre procedé à la vente, s'il y échet.

IV.

En cas de contravention il sera dressé à l'instant procés Verbal, & procedé sommairement à la decision par le premier Officier des Eaux & Forests du lieu, & s'il n'y en a pas, par le Juge ordinaire, sans épices & sans frais, sauf à se pourvoir au Siege de la Maistrise en cas de vexation, où Nous voulons qu'elle soit promptement & seurement reparée avec condamnation d'amende & des dommages & interests du retard & sejour des passans contre les Fermiers & Peagers qui se trouveront mal fondez.

V.

N'entendons qu'aucuns de ces droits soient reservez, mesme avec titre & possession où il n'y a point de Chaussées, Bacs, Ecluses & Ponts à entretenir, & à la charge des Seigneurs & Proprietaires.

VI.

Toutes Ordonnances & Jugemens des Grands Maistres & Officiers des Eaux & Forests au sujet desdits droits de peages sur les precedens empeschemens és Ports, Ponts, Pertuis & Ecluses, seront executez par provision, nonobstant & sans prejudice de l'appel.

VII.

Ordonnons que des droits legitimement establis par titre & possession avant cent années, il soit fait vne pancarte, laquelle sera mise & attachée sur des poteaux aux entrées des Ponts, passages & pertuits où les droits sont pretendus, sans les pouvoir autrement lever ny exceder sous aucun pretexte, nonobstant tout usage contraire, à peine de punition exemplaire contre les contrevenans, mesme de restitution du quatruple envers les Marchans, outre l'amande arbitraire envers Nous.

Des Chasses.

Article Premier.

Les Ordonnances des Rois nos predecesseurs sur le fait des Chasses & specialement celles des mois de Juin mil six cens vn & Juillet mil six cens sept, seront observées en toutes leurs dispositions ausquelles nous n'avons point derogez, ou qui ne contiendront rien de contraire à ces presentes.

II.

Deffendons à nos Juges & à tous autres de condamner au dernier supplice pour le fait de Chasse, de quelque qualité que soit la contravention, s'il n'y a d'autre crime meslé qui puisse meriter cette peine, nonobstant l'article quatorze de l'Ordonnance de mil six cens vn, auquel nous derogeons expressément à cét égard.

III.

INTERDISONS à toutes personnes, sans distinction de qualité, de temps, ny de lieux, l'usage des armes à feu, brisées par la crosse ou par le canon, & de Cannes & Bastons creusez, mesmes d'en porter sous quelque pretexte que ce puisse estre. Et à tous Ouvriers d'en fabriquer & façonner, à peine contre les particuliers de cent livres d'amende, outre la confiscation pour la premiere fois, & de punition corporelle pour la seconde. Et contre les Ouvriers de punition corporelle pour la premiere fois.

IV.

FAISONS aussi deffences à toutes personnes de Chasser à feu, & d'entrer ou demeurer de nuit dans nos Forests, Bois & Buissons en dépendans, ny mesme dans les Bois des particuliers, avec armes à feu, à peine de cent livres d'amende & de punition corporelle, s'il y échet.

V.

POVRRONT neantmoins nos sujets de la qualité requise par les Edits & Ordonnances, passans par les grands chemins des Forests & Bois, porter des Pistolets & autres armes non prohibées, pour la deffense & conservation de leurs personnes.

VI.

POVRRONT pareillement les Gardes des plaines & les Sergens à gard de nos Bois, lors qu'ils feront leurs charges, estans couverts & revestus des Casaques de nos livrées, & non autrement, y porter Pistolets, tant de nuit que de jour, pour la deffense de leurs personnes.

VII.

NE pourront les Garde-plaines de nos Capitaineries, tant à pied qu'à cheval porter aucune Arquebuse à roüet ou Fusil dãs nos Forests & plaines, s'ils ne sont à la suite de leurs Capitaines ou Lieutenans, à peine de cinquante livres d'amende & de restitution de leurs charges.

VIII.

DEFFENDONS à toutes personnes de prendre en nos Forests, Garennes, Buissons & plaisirs, aucuns aires d'oyseaux, de quelque espece, que ce soit, & en tout autre lieu les œufs des Cailles, Perdrix & Faisans à peine de cent livres pour la premiere fois, du double pour la seconde & du foüet & bannissement à six lieuës de la Forest pendant cinq ans pour la troisiéme.

IX.

LES Sergens à Garde où se trouveront des aires d'oyseaux, seront chargez de leur conservation par acte particulier, & en demeureront responsables.

X.

VOVLONS que ceux qui seront convaincus d'avoir ouvert & ruiné les halots & ou raboulieres qui sont dans nos Garennes, ou en celles de nos sujets, soient punis comme voleurs.

XI.

Les Officiers de nos Chasses seront tenus dans six mois aprés la publication des presentes, de faire foüiller & renverser tous les terriers de Lapins qui se trouveront dans nos Forests, a peine de cinq cens livres d'amende & de suspension de leurs charges pour vn an ; & au cas qu'ils y manquassent dans ce temps, Enjoignons aux Maistres particuliers, leurs Lieutenans, nos Procureurs & autres Officiers de nos Maistrises de le faire incessamment & de prendre les Lapins avec Furets & poches, sous les mesmes peines.

XII.

Tovs tendeurs de Lacs, Tirasses, Tonnelles, Traisneaux, Bricoles de corde & de fil d'archal, pieces & plants de rets, Colliers, Halliers de fil ou de soye, seront condamnez au foüet pour la premiere fois & en trente livres d'amendes, & pour la seconde fustigez, flétris & bannis pour cinq ans hors l'estenduë de la Maistrise, soit qu'ils ayent commis delict dans nos Forests, Garennes & terres de nostre Domaine, ou en celles des Ecclesiastiques, Communautez & particuliers de nostre Royaume, sans exception.

XIII.

Faisons tres-expresses inhibitions & deffences à tous Seigneurs, Gentils-hommes, hauts Justiciers & autres personnes de quelque qualité, & condition qu'ils soient, de tirer ou chasser à bruit dans nos Forests, buissons, garennes & plaines, s'ils n'en ont titre ou permission, à peine contre les Seigneurs de desobeïssance, & de quinze cens livres d'amende, & contre les roturiers des amendes & autres condamnations indictes par l'Edict de mil six cens vn, à la reserve de la peine de mort cy-dessus abolie à cét égard.

XIV.

Permettons neantmoins à tous Seigneurs, Gentils-hommes & Nobles de chasser noblement à force de Chiens & Oyseaux dans leurs forests, buissons, garennes & plaines, pourveu qu'ils soient éloignez d'vne lieuë de nos plaisirs, mesmes aux Chevreüils & bestes noires dans la distance de trois lieuës.

XV.

Leur permettons aussi de tirer de l'Arquebuse sur toute sorte d'Oyseaux de passage & de gibier, hors le Cerf & la Biche, à vne lieuë de nos plaisirs, tant sur leurs terres, que sur nos Estangs, Marais & Rivieres.

XVI.

Interdisons la chasse aux chiens couchans en tous lieux, & l'usage de tirer en volant à trois lieuës prés de nos plaisirs, à peine de deux cens livres d'amende pour la premiere fois, du double pour la seconde, & du triple pour la troisiéme, outre le bannissement à perpetuité hors l'estenduë de la Maistrise.

XVII.

La liberté de tirer en volant à trois lieuës de distance de nos plaisirs, ne sera que pour les Seigneurs, Gentils-hommes, Nobles, ou Seigneurs des Parroisses.

XVIII.

Deffendons à tous Gentils-hommes & autres ayans droit de Chasse, de chasser à pied ou à cheval, avec chiens ou oyseaux, sur terres ensemencées, depuis que le Bled sera en tuyau, & dans les Vignes depuis le premier jour de May, jusques aprés la dépoüille, à peine de privation de leur droit de Chasse, de cinq cens livres d'amende, & de tous dépens, dommages & interests envers les Proprietaires ou vsufruitiers.

XIX.

Nul ne pourra establir garenne à l'avenir, s'il n'en a le droit par ses adveus & dénombremens, possession ou autres titres suffisans, à peine de cinq cens livres d'amende & en outre d'estre la garenne destruite & ruinée à ses dépens.

XX.

Deffendons à toutes personnes de quelque qualité & condition qu'elles soient de chasser à l'arquebuse ou avec chiens dans l'estenduë des Capitaineries de nos Maisons Royales de S. Germain en Laye, Fontainebleau, Chambort, Vicennes, Livoy, Compiegne & varenne du Louvre, mesme aux Seigneurs hauts Iusticiers & tous autres, quoy que fondez en titres ou permissions generales ou particulieres, Declarations, Edicts & Arrests que nous revoquons à cét égard, sauf à nous d'accorder de nouvelles permissions, ou renouveler les anciennes en faveur de qui bon nous semblera.

XXI.

Nos Sujets qui ont parcs, jardins, vergers & autres heritages clos de murs dans l'estenduë des Capitaineries de nos Maisons Royales, ne pourront faire en leurs murailles aucuns trous, coulisses ny autre passage qui puisse y donner l'entrée au Gibier, à peine de dix livres d'amende, & s'il y en avoit aucuns de faits presentement, leur enjoignons de les boucher incessamment sur la mesme peine.

XXII.

N'entendons toutefois comprendre dans la prohibition cy dessus les trous ou arches qui servent aux cours des ruisseaux, ny les chanteplurs, ventouses & autres ouvertures necessaires à l'écoulement des eaux, lesquelles subsisteront en leur entier.

XXIII.

Deffendons à tous nos Sujets ayans des isles, prez & bourgognes sans closture dans l'estenduë des Capitaineries de Saint Germain en Laye, Fontainebleau, Vincennes, Livry, Compiegne, Chambort & Varenne du Louvre de les faire faucher avant le jour de S. Iean Baptiste, à peine de confiscation & d'amende arbitraire.

XXIV.

XXIV.

FAISONS deffences à toutes personnes de faire à l'avenir aucuns parcs, & clostures d'heritages en maçonnerie dans l'estenduë des plaines de nos Maisons Royales, sans nostre permission expresse.

XXV.

N'ENTENDONS neanmoins obliger nos sujets à demander permission d'enclorre les heritages qu'ils ont derriere leurs maisons situées dans les bourgs, villages & hameaux hors des plaines, lesquels ils pourront faire fermer de murs, si bon leur semble, sans que nos Capitaines les en puissent empescher.

XXVI.

DECLARONS tous Seigneurs haut Justiciers, soit qu'ils ayent censives ou non, en droit de pouvoir chasser dans l'estenduë de leur haute Justice, quoy que le fief de la parroisse appartint à un autre, sans neanmoins qu'ils puissent y envoyer chasser aucuns de leurs domestiques ou autres personnes de leur part, ny empescher le proprietaire du fief de la Parroisse de chasser aussi dans l'estenduë de son fief.

XXVII.

SI la haute Justice estoit demembrée & divisée entre plusieurs enfans & particuliers, celuy seul à qui appartiendra la principale portion, aura droit de chasser dans l'estenduë de la Justice à l'exclusion des autres Cojusticiers qui n'auront part au fief; & si les portions estoient égales, celle qui procederoit du partage de l'aisné, auroit cette prerogative à cét égard seulement & sans tirer à consequence pour leurs autres droits.

XXVIII.

FAISONS deffences aux Marchands, Artisans Bourgeois & Habitans des villes, bourgs, Paroisses, villages & hameaux, paysans & roturiers de quelque estat & qualité qu'ils soient, non possedans fiefs, Seigneurie & haute Iustice de chasser en quelque lieu, sorte & maniere, & sur quelque gibier de poil ou de plume que ce puisse estre, à peine de cent livres d'amende pour la premiere fois, du double pour la seconde, & pour la troisiéme d'estre attachez trois heures au carcan du lieu de leur residance à jour de marché, & bannis durant trois années du ressort de la Maistrise, sans que pour quelque cause que ce soit les Juges puissent remettre ou moderer la peine à peine d'interdiction.

XXIX.

LES Capitaines des Chasses, leurs Lieutenans & nos Procureurs és Capitaineries seront receus au Siege de la Table de Marbre, & les Greffiers Huissiers & Gardes tant à pied qu'à cheval pardevant les Capitaines ou leurs Lieutenans apres information de vie, mœurs, Religion Catholique Apostolique & Romaine, fidelité & affection à nostre service: & pour chacune reception sera payé au Greffier pour la grosse de l'information & enregistrement des provisions six livres seulement. Exceptons neanmoins les Officiers des Capitaineries de nos Maisons Royales cy dessus nommées.

XXX.

Ordonnons que dans trois mois du jour de la publication des presentes tous Capitaines, Lieutenans & autres Officiers de Chasse qui [illegible] jurisdiction, fors & excepté ceux de nos Maisons Royales cy dessous ex[illegible], [illegible]enteront pardevant le Grand-Maistre de chacun departement, leurs titres, direction ou establissement, & leurs provisions & actes de reception, pour estre sur son advis par Nous pourveu en nôtre Conseil, au rapport du Contrôleur General de nos Finances, à la conservation ou reduction, ainsi qu'il appartiendra, & faute de les representer dans ce temps, deffences d'exercer à peine de faux.

XXXI.

Voulons que nos Officiers des Eaux & Forests & les Capitaines des Chasses connoissent concuremment & par prevention entre eux, en ce qui regarde la capture des delinquans, saisie des armes, bastons, chiens, filets & engins deffendus, contravention à la presente Ordonnance & information premiere seulement; Mais quant à l'instruction & jugement ils appartiendront au Lieutenant de Robbe longue, à la poursuite & diligence de nos Procureurs, sans neanmoins qu'ils puissent exclure les Capitaines & Lieutenans des Chasses d'assister à l'vne & à l'autre, si bon leur semble, & d'y avoir leur seance & voix deliberative, sçavoir le Capitaine avant le Maistre & le Lieutenant du Capitaine avant celuy de la Maistrise, és cas cy-dessus seulement.

XXXII.

Exceptons toutesfois les Capitaines des Chasses de nos Maisons Royales de Saint Germain en Laye, Fontainebleau, Chambort, Varenne du Louvre & Livoy, que nous maintenons & entant que besoin seroit, confirmons dans leurs titres & possessions d'instruire & juger, à la diligence de nos Procureurs en ces Capitaineries, tous procés civils & criminels pour fait de Chasse, en appellant avec eux les Lieutenans de Robbe longue & autres Juges & Advocats pour conseil.

Exceptons aussi les Capitaines des Chasses de nos Maisons Royales de Vincennes & Compiegne, & ceux dont les estats ont esté par nous envoyez à la Cour des Aydes depuis la revocation, ausquels nous attribuons pareille jurisdiction qu'à ceux de Saint Germain en Laye, Fontainebleau, Chambort & Varenne du Louvre.

XXXIV.

Si quelques particuliers Riverains de nos Forests ou autres, de quelque qualité qu'ils soient, troubloient les Officiers de nos Chasses dans leur fonction, ou leur faisoient quelque violence pour se maintenir dans le droit de Chasse qu'ils y pourroient avoir vsurpé; Voulons qu'ils soient condamnez pour la premiere fois à la somme de trois mil livres d'amende, & en cas de recidive privez de tous droits de Chasse sur leurs terres Riveraines, sauf neantmoins vne peine plus severe si la violence estoit qualifiée.

XXXV.

Quant aux Prestres, Moines & Religieux qui tomberoient dans cette faute & n'auroient pas de quoy satisfaire à l'amende, il leur sera deffendu pour la premiere fois, de demeurer plus prés des Forests, Bois, Plaines & Buissons que de quatre lieuës ; & en cas de recidive en seront éloignez de dix lieuës par saisie de leur temporel & par toutes autres voyes raisonnables, conformement à la declaration de François I. du mois de Mars de l'anée mil cinq cens quinze.

XXXVI.

Les jugemens rendus par les Capitaines des Chasses de nos Maisons Royales, qui contiendront peine afflictive, seront signez sur la minute qui demeurera au Greffe de la Capitainerie, du Lieutenant de Robbe longue & des autres qui auront esté appellez pour Conseil, & mention faite dans les expeditions qui en seront delivrées, de leurs noms & qualitez, à peine de nullité.

XXXVII.

Les condamnations qui n'excederont point la somme de soixante livres pour toutes restitutions & reparations, sans autre peine ny amende, seront executées par provision & sans prejudice de l'appel.

XXXVIII.

S'il y a appel d'vn Jugement rendu pour le fait de Chasse, & que la condamnation ne soit que d'vne amende pecuniaire, pour laquelle l'appellant se trouve emprisonné, il ne pourra estre élargy pendant l'appel, qu'en consignant l'amende.

XXXIX.

Les Sergens à Garde de nos Forests & Gardes plaines de nos plaisirs ne pourront faire aucuns Exploits que pour le fait de nos Eaux & Forests & Chasses, à peine de faux, Revoquant pour cét effet toutes Lettres d'amplition que nous leur pourrions avoir accordées.

XXXX.

La Collecte des amendes adjugées és Capitaineries des Chasses de nos Maisons Royales cy-dessus nommées, sera faite par les Sergens Collecteurs des amendes des lieux, lesquels fourniront chacune année vn estat de leur recepte & dépense au Grand Maistre, dans lequel pourra estre employé jusques à la somme de trois cens livres par nos Capitaines ou leurs Lieutenans pour les frais extraordinaires de procés & de justice de leurs Capitaineries, & pourront taxer aux Gardes-chasses leurs salaires pour leurs rapports sur les deniers des amendes, dont le revenant bon sera mis entre les mains du Receveur de nos Bois ou de nostre Domaine, pour le payer & en compter comme des autres deniers de son maniement. Deffendons à tous Greffiers, Sergens, Gardes-chasses & autres Officiers de s'immiscer en la Collecte des amendes des Chasses, pour quoy à cét égard sera observé ce qui est ordonné pour les amendes de nos Forests.

XXXXI.

Supprimons toutes charges de Prevost, Commissaires & Controlleurs Generaux & particuliers des Chasses, ensemble tous les Officiers qui pourront avoir esté par eux commis sous quelque titre que ce soit, Faisant deffences aux uns & aux autres d'en continuer l'exercice, à peine de faux, de mil livres d'amende, & de tous dépens, dommages & interests des Parties.

De la Pesche.

Article Premier.

Deffendons à toutes personnes, autres que Maistres Pescheurs receus és Sieges des Maistrises par les Maistres particuliers ou leurs Lieutenans, de pescher sur Fleuves & Rivieres navigables, à peine de cinquante livres d'amende, & de confiscation de poisson, filets & autres instrumens de pesche pour la premiere fois, & pour la seconde de cent livres d'amende outre pareille confiscation, mesme de punition plus severe, s'il y échet.

II.

Nul ne pourra estre receu Maistre Pescheur, qu'il n'ait au moins l'âge de vingt ans.

III.

Les Maistres Pescheurs de chacune Ville ou Port, où ils seront au nombre de huit, & au dessus, éliront tous les ans aux Assises qui se tiendront par les Maistres particuliers ou leurs Lieutenans, vn Maistre de Communauté qui aura l'œil sur eux, & advertira les Officiers des Maistrises des abus qu'ils commettront; Et aux lieux où il y en aura moins que huit, ils convoqueront ceux des deux ou trois plus prochains Ports ou Ville, pour tous ensemble en nommer un d'entre eux qui fera la mesme charge, le tout sans frais & sans exaction de deniers, presens ou festins, à peine de punition exemplaire & d'amende arbitraire.

IV.

Deffendons à tous Pescheurs de pescher aux jours de Dimanche & de Feste, sous peine de quarante livres d'amende; & pour cét effet leur enjoignons expressement d'apporter tous les Samedis & veilles de Festes, incontinent aprés Soleil couché, au logis du Maistre de Communauté, tous leurs engins & harnois, lesquels ne leur seront rendus que le lendemain du Dimanche ou Feste aprés Soleil levé, à peine de cinquante livres d'amende & d'interdiction de la pesche pour vn an.

V.

Leur deffendons pareillement de pescher en quelques jours & saisons que ce puisse estre, à autre heure que depuis le lever du Soleil jusques à son coucher, sinon aux arches des ponts, aux moulins & aux gords où se tendent des Dideaux, ausquels lieux ils pourront pescher tant de nuit que de jour, pourveu que ce ne soit à jours de Dimanches ou Festes ou autres deffendus.

VI.

VI.

Les Pescheurs ne pourront pescher durant le temps de fraye, sçavoir aux Rivieres ou la Truite abonde sur tous les autres poissons, depuis le premier Fevrier jusques à la my-Mars & aux autres depuis le premier Avril jusques au premier de Iuin, à peine pour la premiere fois de vingt livres d'amende & d'vn mois de prison, & du double de l'amende & de deux mois de prison pour la seconde, & du carcan, foüet & bannissement du ressort de la Maistrise pendant cinq années pour la troisiéme.

VII.

Exceptons toutesfois de la prohibition contenuë en l'article ; La pesche aux Saumons, Alozes & Lamproyes, qui sera continuée en la maniere accoustumée.

VIII.

Ne pourront aussi mettre Bires ou Nasses d'Ozier à bout des Dideaux pendant le temps de fraye, à peine de vingt livres d'amende & de confiscation du harnois pour la premiere fois, & d'estre privez de la pesche pendant vn an pour la seconde.

IX.

Leur permettons neanmoins d'y metre des Chausses ou Sacs du moule de dix huit lignes en quarré, & non autrement, sur les mesmes peines ; Mais aprés le temps de fraïe passé, ils y pourront mettre des Bires ou Nasses d'Ozier à jour, dont les verges seront éloignées les vns des autres de douzé lignes au moins.

X.

Faisons tres-expresses deffences aux Maistres Pescheurs de se servir d'aucuns engins & harnois prohibez par les anciennes Ordonnances sur le fait de la pesche, & en outre de ceux appellez Giles, Tramas, Furs, Espervier, Chasson & Sabre, dont elles ne font point de mention, & de tous autres qui pourroient estre inventez au depeuplement des Rivieres, comme aussi d'aller au baraudage & mettre des Bacs en Riviere, à peine de cent livres d'amende pour la premiere fois, & depunition corporelle pour la seconde.

XI.

Leur deffendons aussi de boüiller avec boüilles, ou rabots, tant sous les chevrins, racines, saules, oziers, terriers ou arches, qu'en autres lieux, ou de mettre lignes avec échets & amorces vives, ensemble de porter chaisnes & clairons en leurs battelets, & d'aller à la fare, ou de pescher dans les noües avec filets, & d'y boüiller pour prendre le poisson & le fraï qui a pû y estre porté par le debordement des Rivieres, sous quelque pretexte, en qnelque temps & maniere que ce soit, à peine de cinquante livres d'amende contre les contrevenans, & d'estre bannis des Rivieres pour trois ans, & de trois cens livres contre les Maistres particuliers ou leurs Lieutenans qui en auront donné la permission.

XII.

Les Pescheurs rejetteront en Riviere les Truites, Carpes, Barbeaux, Bresmes & Mouniers qu'ils auront pris, ayans moins de six pouces entre l'œil & la queuë, & les Tanches, Perches & Gardons qui en auront moins de cinq, à peine de cent livres d'amende & confiscation contre les Pescheurs & Marchands qui en auront vendu ou acheptè.

XIII.

Voulons qu'il y ait en chacune Maistrise vn coin, dans lequel l'écusson de nos Armes sera gravé, & autour le nom de la Maistrise, duquel on se servira pour sceller en plomb les harnois ou engins des Pescheurs qui ne pourront s'en servir que le sceau n'y soit apposé, à peine de confiscation & de vingt livres d'amende, & sera fait Registre des harnois qui auront esté marquez, ensemble du jour, & du nom du Pescheur qui les aura fait marquer, sans que pour ce nos Officiers puissent prendre aucuns salaires.

XIV.

Deffendons à toutes personnes de jetter dans les Rivieres aucunes Chaux, Noix vomique, Coque de Levant, Mommil & autres drogues ou appas, à peine de punition corporelle.

XV.

Faisons inhibitions à tous Mariniers, Contremaistres, Gouverneurs & autres Compagnons de Riviere, conduisant leurs nefs, batteaux, besognes, marnoix, flettes ou nasselles, d'avoir aucuns engins à pescher, soit de ceux permis ou deffendus tant par les anciennes Ordonnances que par ces presentes, à peine de cent livres damende & de confiscation des engins.

XVI.

Ordonnons que toutes les épaves qui seront peschées sur les Fleuves & Rivieres navigables, soient garrées sur terre, & que les Pescheurs en donnent avis aux Sergens & Gardes-pesche qui seront tenus d'en dresser procés verbal & de les donner en garde à personnes solvables qui s'en chargeront, dont nostre Procureur prendra communication au Greffe aussi-tost qu'il y aura esté porté par le Sergent ou Garde-pesche, & en fera faire la lecture à la premiere audience, sur quoy le Maistre ou son Lieutenant ordonnera que si dans vn mois les épaves ne sont demandées & reclamées, elles seront venduës à nostre profit au plus offrant & dernier encherisseur, & les deniers en provenans mis és mains de nos Receveurs, sauf à les délivrer à celuy qui les reclamera, un mois aprés la vente, s'il est ainsi ordonné en connoissance de cause.

XVIJ.

Deffendons de prendre & enlever les épaves, sans la permission des Officiers de nos Maistrises, aprés la reconnoissance qui en aura esté faite, & qu'ils ayent Jugez à celuy qui les reclame.

XVIII.

Faisons deffences à toutes personnes d'aller sur les mares, étangs & fossez lors qu'ils sont glacez, pour en rompre la glace & y faire des trous, ny d'y porter flambeaux, brandons & autres feux, à peine d'estre punis comme de vol.

XIX.

Les Ecclesiastiques, Seigneurs, Gentils-hommes & Communautez qui ont droit de pesche dans les Rivieres, seront tenus d'observer & faire observer le present Reglement par leurs domestiques & Pescheurs ausquels ils auront affermé le droit, à peine de privation de leur droit.

XX.

Leur enjoignons de donner pareillement par declaration à nos Procureurs & Maistrises les noms, surnoms & demeures des Pescheurs ausquels ils auront fait bail de leur pesche, laquelle declaration sera registrée au Greffe de la Maistrise où les Pescheurs seront tenus de prester le serment & d'élire annuellement pardevant les Maistres particuliers ou leurs Lieutenans, tenans leurs Assises, des Maistres de Communautez; ainsi que les Pescheurs de nos Eaux, pour estre par eux gardé & observé pareil ordre que les Pescheurs de nos Maistrises,

XXI.

Pour le rempoissonnement de nos Estangs, le Carpeau aura six pouces au moins, la Tanche cinq & la Perche quatre; Et à l'égard du Brocheton, il sera de tel échantillon que l'Adjudicataire voudra; Mais il ne se jettera aux estangs, mares & fossez qu'un an aprés leur empoissonnement, ce qui sera observé pour les estangs, mares & fossez des Ecclesiastiques & Communautez de mesme que pour les nostres; Enjoignons aux Officiers des Maistrises d'y tenir la main, sans pouvoir pretendre aucuns frais ny droits, à peine de concussion.

XXII.

Tous les Maistres Pescheurs de nos Rivieres & ceux des particuliers, qui ont droit de pesche sur les Fleuves & Rivieres navigables, répondront pour les delits qu'ils y commettront, pardevant les Officiers des Maistrises, & non pardevant les Juges des Seigneurs ausquels en interdisons la connoissance; Et seront condamnez suivant la rigueur de nos Ordonnances.

XXIII.

Seront commis en chacune Maistrise des Sergens pour la conservation des Eaux & Pesche, en nombre suffisant, avec gages, suivant le Reglement qui sera fait en nostre Conseil par l'avis des grands Maistres, pour estre journellement sur les Fleuves & Rivieres, veiller sur les Pescheurs à ce qu'ils ne contreviennent à nos Ordonnances; Et en cas de contravention, saisiront les engins & les envoyeront avec leurs procés verbaux aux Greffes des Maistrises, mesme assigneront au premier jour les delinquans pour y répondre.

XXIV.

PERMETTONS aux Maiſtres, Lieutenans & nos Procureurs de viſiter les Rivieres, bannetons, boutiques & eſtuis des Peſcheurs, & s'ils y trouvent du poiſſon qui ne ſoit pas de la longueur & échantillon cy-deſſus preſcrit, ils feront procés verbal de la qualité & quantité qu'ils en auront trouvée & aſſigneront les Peſcheurs pour répondre du delit, le tout ſans frais.

XXV.

SI les Officiers des Maiſtriſes trouvent des engins & harnois deffendus, ils les feront brusler à l'iſſuë de leur audience, au devant de la porte de leur Auditoire, & condamneront les Peſcheurs ſur qui ils auront eſté ſaiſis, aux peines cy-devant declarées ſans les pouvoir moderer, à peine de ſuſpenſion de leurs Charges pour vn an.

XXVI.

TOUTES les amendes jugées pour raiſon des Rivieres navigables & flottables, & pour toutes nos Eaux, ſeront receuës à noſtre profit par le Sergent collecteur des amendes dans chacune Maiſtriſe ou departement, pour leſquelles il en ſera uſé, comme pour celles de nos Forests; & ce qui nous en reviendra ſera payé és mains du Receveur & par luy au Receveur general comme les autres deniers de ſa charge.

Peines, Amendes, Reſtitutions, Dommages, Intereſts & Confiſcations.

ARTICLE PREMIER.

L'AMENDE ordinaire pour delit commis depuis le lever juſques au coucher du Soleil, ſans feu & ſans ſcie, par perſonnes privées, n'ayans charges, uſages attelliers, ou commerce dans nos Forests, Bois & Garennes, ſera pour la premiere fois de quatre livres pour chacun pied de tour de Cheſne & de tous arbres fruitiers indiſtinctement, meſme du Chaſtaignier, cinquante ſols pour chacun pied de tour de Saulx, Heſtre, Orme, Tillot, Sapin, Charme & Frene; Et trente ſols pour pied d'arbre de toute autre eſpece vert, en eſtaut, ſec ou abatu, & ſera le tout pris & meſuré demy pied prés de terre.

II.

CEUX qui auront échouppé, ébranché & deshonnoré des abres, païeront la meſme amende au pied le tour, que s'ils les avoient abatus par le pied.

III.

POUR chacune charetée de merrecin, bois quarré de ſciage ou de charpenterie, l'amende ſera de quatre vingt livres, pour la charretée de bois de chauffage quinze livres, pour la ſomme ou charge de cheval ou bourrique quatre livres, & pour le fagot ou foüée vingt ſols.

IV.

I V.

POVR estalons, balliveaux, parois, arbres de liziere, & autres arbres de reserve cinquante livres; Pour pied cornier marqué de nostre marteau abatu, cent livres, & deux cens livres pour pied cornier arraché ou deplacé. Reduisons neantneantmoins l'amende pour balliveaux de l'aage du taillis au dessous de vingt ans, à dix livres.

V.

Si les delits se trouvent avoir esté commis depuis le coucher jusques au lever du Soleil, par scie ou par feu, soit par les Officiers des Forests ou des Chasses, Arpenteurs, Layeurs, Gardes, Vsagers, Coustumiers, Pastres, Paissonniers, Marchands Ventiers, leurs Facteurs, Gardes-Ventes, Buscherons, Charbonniers, Charretiers, Maistres de Forges, Fourneaux, Thuilliers, Briquetiers & tous autres employez à l'exploitation des Forests, & des atteliers des bois en provenans, l'amende sera double.

VI.

VOVLONS que toutes les personnes cy-dessus soient privées en cas de recidive, sçavoir les Officiers de leurs charges, les Marchands de leurs ventes, & les Vsagers de leurs droicts & coustumes, & que tous soient bannis à perpetuité des Forests, sans qu'ils puissent esperer aucunes Lettres de pardon, restablissement, commutation & rappel de ban, que nous deffendons à nostre amé & feal Chancellier de seeller, & à tous Iuges d'enteriner, nonobstant Commandemens ou Iussions contraires, Declarans dés à present nulles & de nul effect & valeur toutes celles qui pourroient estre obtenuës.

V I I.

DEMEVRERONT les Marchands, Maistres de Forges, Fermiers, Vsagers, Riverains, & autres occupans les maisons, fermes & autres heritages dans l'enclos, & à deux lieuës de nos Forests responsables civilement de leurs Commis, Charretiers, Pastres & Domestiques.

VIII.

ET dautant que les amandes au pied du tour ont esté reglées selon la valeur & estat des bois de l'année mil cinq cens dix-huict, depuis laquelle ils sont montez à beaucoup plus haut prix; ORDONNONS que conformément à l'Ordonnance faite par Henry troisiesme en l'année mil cinq cens quatre-vingt huict, & aux Arrests & Reglemens des mois de Septembre mil six cens vn, Iuin mil six cens deux, & Octobre mil six cens vingt-trois, les restitutions, dommages & interests seront adjugez de tous delicts, au moins à pareille somme que portera l'amende,

IX.

Ovtre l'amende, restitution, dommages & interests, il y aura toujours confiscation de chevaux, bourriques & harnois qui se trouveront chargez de bois de delict, & des scies, haches, serpes, coignées & autres outils dont les particuliers coupables & complices seront trouvez saisis.

X.

Les bestiaux trouvez en delict, ou hors des lieux, des routes & chemins designez, seront pareillement confisquez, & où les bestes ne pourroient estre saisies, les proprietaires seront condamnez en l'amende, qui sera de vingt livres pour chacun cheval, bœuf ou vache : cent sols pour chacun veau, & trois livres pour mouton ou brebis; le double pour la seconde fois, & pour la troisiéme le quatruple de l'amende, bannissement des Forests contre les Pastres & autres Gardes & Conducteurs, desquels en tous cas les Maistres, Peres, Chefs de famille, Proprietaires, Fermiers & Locataires des Maisons y residens demeureront civilement responsables.

XI.

Il sera procedé sans delay à la vente des Bestiaux pris en delit & confisquez au plus offrant & dernier encherisseur au jour de marché, à leur juste valeur, à la diligence de nos Procureurs des Maistrises; Et s'il arrivoit que par l'authorité des Proprietaires il ne se trouvast point d'encherisseurs, nos Procureurs en feront dresser Procés verbal par les Maistres ou leurs Lieutenans, & seront les Bestiaux par eux envoyez vendre aux Marchez des Villes où ils trouveront plus à propos, pour nostre advantage & utilité.

XII.

Toutes personnes privées coupans ou amassans de jour des herbages, glands ou feines, de telle nature & aage que ce soit, & l'emportans des Forests, Boqueteaux, Garennes & Buissons, seront condamnez pour la premiere fois à l'amende, sçavoir pour faix à col cent sols; pour charge de cheval, ou bourrique vingt livres, & pour harnois quarante livres; le double pour la seconde, & la troisiéme bannissement des Forests, mesme du ressort de la Maistrise, & en tous cas confiscation des chevaux, bourriques & harnois qui se trouveront chargez.

XIII.

Tovtes personnes qui auront coupé, arraché, & emporté arbres, branches, ou feüillages de nos Forests, Bois & Garennes, & des Ecclesiastiques, Communautez ou particuliers, pour nopces, Festes & Confrairies, seront punis de l'amende, restitution, dommages & interests, selon le tour & qualité des Bois, ainsi qu'ils le seroient en autre delit.

XIV.

DEFFENDONS aux Officiers d'arbitrer les amendes & peines, ny les prononcer moindres que ce qu'elles sont reglées par la presente Ordonnance, ou les moderer ou changer aprés le jugement, à peine de repetition contr'eux, de suspension de leurs charges pour la premiere fois, & de privation en recidive.

XV.

NE sera fait don, remise, ou moderation pour telle cause que ce soit des amendes, restitutions, interests & confiscations, avant qu'elles soient jugées, ny aprés, pour quelque personne que ce puisse estre, DEFFENDONS d'en expedier Lettres ou Brevets, & aux Parlemens & Chambres des Comptes de les Registrer, & y avoir égard, & aux Grands-Maistres, & Officiers des Maistrises de les executer, à peine de privation de leurs charges, & d'en respondre en leurs propres & privez noms.

XVI.

NE pourront les amandes de nos Bois en fustaye ou taillis, & des Bois en Grurie, Grairie, Tiers & Danger, & par indivis, Paissons & Glandées, Garennes, Eaux & Rivieres, estre affermées ny engagées sous quelque pretexte que ce soit, & s'il s'en trouvoit de comprises en aucuns engagemens, baux & adjudications, NOUS les declarons nuls & de nul effect: VOULONS qu'elles soient levées à nostre profit avec les restitutions, confiscations & autres condemnations à NOUS appartenans, par les Sergens, Collecteurs des Maistrises, & par eux payées aux Receveurs, ainsi qu'il est ordonné par ces Presentes.

XVII.

LES amendes qui seront adjugées par nos Commissaires & Officiers en Reformation ou autrement, à la diligence de nos Procureurs Generaux, ou leurs Substituts pour delits, abus, usurpations, outrepasses surmesures & contraventions és Eaux & Forests des Ecclesiastiques, Commandeurs, Hospitaux, Maladeries & Communautez, & en ceux qui en dépendent par droit de Grurie, Grairie, ou autrement, nous appartiendront, sans exception ny distinction; Et seront les Rôlles mis & laissez és mains des Sergens Collecteurs de chacune Maistrise pour en faire le recouvrement & en compter ainsi & aux termes & peines que pour les Amendes adjugées pour nos Eaux & Forests.

XVIII.

LES amendes & peines pour les obmissions & delits des Officiers, Marchands, Usagers & Coustumiers, Maistres des fours, Forges & Fourneaux, d'Atteliers & Maisons, Fermiers, Adjudicataires, Riverains, Communautez, Pastres & autres ayant direction, usage, commerce & entrée dans les Forests, seront receuës par le Sergent Collecteur des Amendes de chacune Maistrise, & les condamnations &

Rôlles executez en la forme & maniere prescrite par les differens Chapitres de la presente Ordonnance, & les condamnez contraints au payement par toutes voyes, mesme par emprisonnement de leurs personnes.

XIX.

Les Collecteurs des Amendes seront tenus d'émarger leurs Rôlles de ce qu'ils recevront, & en outre d'en donner Quittance sur peine de restitution du quatruple des sommes dont ils n'auront donné Quittance.

XX.

Demeurera le Collecteur responsable des Amendes, restitutions, interest & confiscations contenuës aux Rôlles, faute par luy dans trois mois, apres qu'ils luy auront esté delivrez, de justifier des Exploits de perquisition, d'insolvabilité des Debiteurs, & de diligences suffisantes & valables.

XXI.

Les diligences ne seront point reputeés suffisantes, ny les Exploits de carence de biens bons & valables pour la décharge des Collecteurs des Amendes, s'ils ne sont signez & certifiez par les Curez ou Vicaires ou par le Juge des lieux, sur la representation du Rôlle des Tailles & du Sel, sauf à en estre fait nouvelle justification par les Officiers & nostre Procureur, en cas de soupçon de fraude, dans lequel la verification en sera faite aux frais des Sergens Collecteurs, qui seront en outre condamnez au quatruple.

XXII.

Les Collecteurs des Amendes ne seront point déchargez de la collecte des Amendes & condamnations, nonobstant toutes diligences & perquisitions, qu'apres avoir chacune année fourny estat au Grand Maistre de leur recepte & diligences, qui seront justifiées sur les Rôlles par eux representez avec les pieces, & apres avoir oüy nostre Procureur, & sur le tout rendu jugement pour ordonner que les parties seront passées en non-Valeur, ce que nous enjoignons aux Grands Maistres de faire, & à nos Procureurs de le requerir, à peine d'en respondre en leurs noms.

XXIII.

Lors qu'il y aura eu appel des condamnations d'Amende, les Collecteurs preposez dans les Maistrises en feront le recouvrement, apres que l'appel aura esté jugé, soit que les Amendes ayent esté augmentées ou moderées au Siege de la Table de Marbre ou aillieurs; Deffendons à tous autres de s'immiscer en la Recepte & Collecte, à peine de mil livres d'Amende.

XXIV.

Aura le Collecteur des Amendes deux sols pour livre pour ses taxations

taxations du recouvrement & recepte actuelle qu'il fera.

XXV.

Les amendes ne pourront estre prescrites que par dix ans, nonobstant tous usages & Coustumes contraires.

XXVI.

S'il arrivoit que les Officiers fussent convaincus d'avoir commis supposition ou fraude dans leurs rapports & procedures, ils seront condamnez au quatruple, privez de leurs charges, bannis des Forests, & punis corporellement, comme fauteurs, & prevaricateurs, & les Gardes qui auront fait les rapports envoyez aux Galeres perpetuelles, sans aucune moderation.

XXVII.

Les Charges & Offices des Eaux & Forests demeureront specialement affectez, & privativement à toutes autres debtes & hypotheques, aux restitutions, dommages & interests, amendes & dépens adjugez pour delits, negligences & malversations des Officiers qui les possedent.

XXVIII.

Toutes amendes, restitutions, dommages & interests & confiscations seront adjugées és Eaux & Bois des Ecclesiastiques, Commanderies, Maladeries, Hospitaux, Communautez & particuliers, & les condamnez & redevables executez en la mesme maniere que pour celles qui auront esté prononcées sur le fait de nos Eaux & Forests. Si donnons en mandement A nos amez & feaux Conseillers, les Gens tenans nostre Cour de Parlement à Paris, que ces Presentes ils fassent lire, publier & enregistrer, & le contenu en icelles garder, observer, & entretenir, sans permettre qu'il y soit contrevenu en aucune sorte & maniere que ce soit : Car tel est nostre plaisir, Nonobstant tous Edicts, Declarations, Ordonnances, Reglements, Arrests & autres choses à ce contraires, ausquelles & aux dérogatoires y contenuës, Nous avons dérogé & dérogeons par cesdites presentes. Et afin que ce soit chose ferme & stable à toujours, Nous y avons fait mettre nostre Seel. Donné à S. Germain en Laye au mois d'Aoust l'an de Grace mil six cens soixante neuf : Et de nostre Regne le vingt-septiéme. Signé LOUIS, *Et plus bas*, Par le Roy, Colbert. Et scellées du grand sceau de cire verte, en lacs de soye rouge & verte. Et à costé, *Visa*, Seguier ; *Pour servir aux Lettres Patentes en forme d'Edict, contenant les Ordonnances pour les Eaux & Forests.*

LEuës, publiées, Registrées; Oüy & ce requerant le Procureur General du Roy, pour estre executées selon leur forme & teneur. A Paris en Parlement le Roy y seant en son lict de Iustice, le treize Aoust mil six cens soixante neuf. Signé DU TILLET.

Collationné aux Originaux par moy Conseiller, Secretaire du Roy, Maison Couronne de France & de ses Finances.

TABLE
des Titres contenus au present Reglement.

Aa ij

BIBLIOTHECÆ REGIÆ

www.ingramcontent.com/pod-product-compliance
Ingram Content Group UK Ltd.
Pitfield, Milton Keynes, MK11 3LW, UK
UKHW021110260726
13994UKWH00002B/830